Inhalt

1. Europa ohne Gott

Europa, das einstmals „Christliche Abendland“, ist weithin atheistisch (gottlos) geworden. Im Unterschied zu anderen Erdteilen gibt es nur wenige Erweckungen. Immer mehr Menschen treten aus den Kirchen aus. Der Gottesdienstbesuch in den meisten europäischen Ländern hat spürbar nachgelassen. Statt Gottesfurcht und Gehorsam gegenüber den biblischen Geboten herrschen Egoismus, Genußsucht und die Geringschätzung des kranken, schwachen und ungeborenen menschlichen Lebens vor. Fremde Religionen und okkult-esoterische Praktiken breiten sich fast ungehindert aus. So wird in Europa Moschee um Moschee gebaut. Und das Geister- und Satansfest Halloween hat – sogar in Deutschland, dem Land der Reformation – den Reformationstag am 31. Oktober in der öffentlichen Wahrnehmung fast ganz verdrängt.

Nicht anders sieht es auf der höchsten politischen Ebene, bei der in – historisch gesehen – atemberaubendem Tempo in der Nachkriegszeit aus dem Boden gestampften Europäischen Union aus. In der am 29. Oktober 2004 auf dem römischen Kapitol unter einer Papststatue von den Regierungshäuptern Europas unterzeichneten Europäischen Verfassung findet sich weder der Name Gottes noch sonst ein Bezug auf die eindeutige biblisch-

Die aktuelle Reihe: Band 1

Lothar Gassmann

Neu-Evangelisierung Europas

aus römisch-katholischer und aus biblischer Sicht

MABO

Weitere Bände in der *Aktuellen Reihe*:

Band 2:

Bekenntnis-Ökumene –

Hoffnung oder Illusion?

Band 3:

Global-Crash-

Ende der Globalisierung

Reihe **Kleines Handbuch**:

Kleines Ökumene-Handbuch

Kleines Endzeit-Handbuch

Kleines Kirchen-Handbuch

Kleines Sekten-Handbuch

In Vorbereitung:

Kleines Esoterik-Handbuch

Kleines Ideologien-Handbuch

Kleines Theologie-Handbuch

Dr. Lothar Gassmann

Neu-Evangelisierung Europas

aus römisch-katholischer und aus biblischer Sicht

Verlag und Bezugsadresse:
MABO-Bücher,
MABO-Promotion Ernst-Martin-Borst,
Dresdner Str. 45, D-24790 Schacht-Audorf
Erste Auflage 2006

Umschlag und Satz: L. Gassmann

ISBN-Nr. 3-9810275-5-8

christliche Lehre und Ethik. Stattdessen wird in der Tradition der antichristlichen Französischen Revolution und atheistischen Aufklärungsphilosophie lediglich schwammig von „kulturellen, religiösen und humanistischen Überlieferungen" geredet, aus denen das neue Europa schöpfen könne. Und anstelle der Herrschaft Gottes, die völlig ausgeblendet wird, beschwört man in geradezu blasphemischer Weise „die zentrale Stellung des Menschen" (EU-Charta 2004, Präambel).[1]

Kirchen und Freikirchen haben immer wieder vor dem Glaubensverlust gewarnt, der die heutige Situation in Europa (griech. Abendland) kennzeichnet. Auch die Römisch-Katholische Kirche. In seinem „Nachsynodalen Apostolischen Schreiben ´Ecclesia in Europa` (´Die Kirche in Europa`)" aus dem Jahre 2003 beschrieb Papst Johannes Paul II. die Situation mit folgenden Worten:

9: Der Verlust der Hoffnung hat seinen Grund in dem *Versuch, eine Anthropologie ohne Gott und ohne Christus durchzusetzen.* Diese Denkart hat dazu geführt, den Menschen als „absoluten Mittelpunkt allen Seins zu betrachten, indem man ihn fälschlicherweise den Platz Gottes einnehmen ließ und dabei vergaß, daß nicht der Mensch Gott erschafft, sondern Gott den Menschen erschafft.
Das Vergessen Gottes hat zum Niedergang des Menschen geführt. [...] Es wundert daher nicht, daß in diesem Kontext ein großer Freiraum für die Entwicklung des Nihilismus im

---

[1] Siehe hierzu ausführlicher: L. Gassmann, EUROPA – das wiedererstehende Römische Reich?, Lage 2005, S. 28 ff.

philosophischen Bereich, des Relativismus im erkenntnistheoretischen und moralischen Bereich, des Pragmatismus und sogar des zynischen Hedonismus in der Gestaltung des Alltagslebens entstanden ist« . Die europäische Kultur erweckt den Eindruck einer »schweigenden Apostasie» seitens des satten Menschen, der lebt, als ob es Gott nicht gäbe.
Vor diesem Horizont nehmen die auch in letzter Zeit wieder auftauchenden Versuche Gestalt an, die europäische Kultur losgekoppelt vom Beitrag des Christentums zu präsentieren, das ihre historische Entwicklung und ihre universale Verbreitung geprägt hat. Wir sehen uns dem Erscheinen einer *neuen,* großenteils von den Massenmedien beeinflußten *Kultur* gegenüber, deren Merkmale und Inhalte oft im Gegensatz zum Evangelium und zur Würde der menschlichen Person stehen. Zu dieser Kultur gehört auch ein immer weiter verbreiteter religiöser Agnostizismus, verbunden mit einem tieferen moralischen und rechtlichen Relativismus, der seine Wurzeln im Verlust der Wahrheit vom Menschen als Fundament der unveräußerlichen Rechte eines jeden hat. Die Zeichen eines Schwindens der Hoffnung äußern sich mitunter durch erschreckende Formen dessen, was man als eine »Kultur des Todes« bezeichnen kann.

Diese Analyse ist zutreffend. Und angesichts dieser Situation ist die Wiedergewinnung der in Europa lebenden Menschen, die sich überwiegend „Christen“ nennen, aber es nicht sind, für den christlichen Glauben notwendig. Im Unterschied zur Mission unter Heiden spricht man bei dieser Neugewinnung von Namenschristen für den Glauben von „Neu-Evangelisierung“ oder auch „Re-Evangelisierung“. Dieses Ziel der Neu-Evangelisierung ist in den letzten Jahrzehnten bei

Katholiken, Orthodoxen, Evangelischen und auch Evangelikalen mit zwar ähnlicher Situationsanalyse, aber ekklesiologisch (kirchlich) unterschiedlicher Zielsetzung entwickelt worden.

Nachfolgend konzentrieren wir uns auf das römisch-katholische Verständnis von Neu-Evangelisierung, das durch die Verlautbarungen und weltweite Reisetätigkeit der letzten Päpste besonderen Einfluß und Durchschlagskraft erlangt hat. Insbesondere bewegt uns die Frage, die auch im evangelischen und evangelikalen Raum immer wieder gestellt wird: *Sind römisch-katholisches und evangelisches Missionsverständnis denn nicht weitgehend deckungsgleich?* Oder allgemeiner gesprochen: *Ist denn das, was uns – gerade im Gegenüber zum atheistisch-antichristlichen Säkularismus (Verweltlichung ohne Gott und gegen Christus) – verbindet, nicht viel größer als das, was uns trennt?*

Um diese Fragen fundiert beantworten zu können, müssen wir uns zunächst mit den Themen beschäftigen: Was heißt Mission und Evangelisation in der Bibel? Und welches sind die lehr- und glaubensmäßigen Grundlagen der Römisch-Katholischen Kirche? Darauf beziehen sich die beiden nächsten Kapitel.

2. Was heißt „Mission“ und „Evangelisation“ in der Bibel?

„Mission“ (lat. „Sendung“) bezeichnet die Sendung der Jünger Jesu Christi zu allen Völkern, um ihnen das rettende Evangelium von Jesus Christus zu verkündigen. Von der Verkündigung des Evangeliums (lat. „gute Nachricht“, „frohe Botschaft“) leitet sich der Begriff „Evangelisation“ ab. Die entscheidende Stelle in der Bibel, der sogenannte Missionsbefehl, befindet sich in Matthäus 28,18-20:

Und Jesus trat zu ihnen (seinen Jüngern), redete mit ihnen und sprach: Mir ist gegeben alle Macht im Himmel und auf Erden. Darum gehet hin, macht zu Jüngern alle Völker, tauft sie auf den Namen des Vaters und des Sohnes und des Heiligen Geistes und lehrt sie halten alles, was ich euch befohlen habe. Und siehe, ich bin bei euch alle Tage bis an das Ende der Welt.

Umstritten ist allerdings,

- wie Mission und Evangelisation konkret aussehen soll,
- ob sie mit einem sozialpolitischen Auftrag verbunden ist (Verständnis der Politischen Theologie),
- ob sie einfach zu Christus führen oder aber den Neubekehrten zusätzlich mit einer bestimmten Kirche verankern soll, die sich als „der mystische Leib Christi“ versteht (Römisch-Katholisches Verständnis).

Für Weltmission werden heute zwei grundsätzlich unterschiedliche Definitionen gegeben:

a) *Weltmission ist die Missio Dei (Sendung Gottes) an die Welt.* Ihr Hauptschwerpunkt besteht darin, ungerechte Strukturen (soziale Ausbeutung und Unterdrückung, Hunger, Armut, Umweltverschmutzung, Rassen-, Klassen- und Geschlechterdiskriminierung) durch aktiven Einsatz, mitunter Befreiungskämpfe, zu verändern und zu beseitigen. Mission ist identisch mit sozialem Engagement und politischer Aktion. Dieses Missionsverständnis begegnet uns seit den 60er Jahren des 20. Jahrhunderts sehr stark beim Weltkirchenrat, aber auch bei Teilen der Römisch-Katholischen Kirche, etwa im Rahmen einer "Theologie der Hoffnung", einer "Theologie der Befreiung", einer "Schwarzen Theologie" und einer "Feministischen Theologie". Ziel ist die häufig mit dem "Reich Gottes" identifizierte gerechte Gesellschaft, der allumfassende Friedenszustand, der innerweltliche Schalom.

b) *Mission ist primär die Verkündigung des Evangeliums von der Rettung des Sünders allein aus Gnaden an Menschen aller Stämme, Sprachen und Nationen,* namentlich an die heidnischen Völker oder Bevölkerungsgruppen. Ihr Inhalt ist die Einladung zur Umkehr aus dem Reich Satans in das Reich Gottes durch den

Glauben an Jesus Christus und seinen stellvertretenden Opfertod am Kreuz zur Sühnung unserer Sünden. Diese Umkehr (Bekehrung) schließt soziale Verantwortung nicht aus, sondern ein, teilt ihr aber nicht die erste Stelle zu. Durch die Wiedergeburt (Einwohnung des Heiligen Geistes) des einzelnen Menschen nämlich verändern sich über die Umkehr des Einzelnen auch die Verhältnisse, ohne freilich in diesem der Sünde verhafteten "kósmos" (Welt) zu irdischer Vollkommenheit zu gelangen. Das Ziel dieses in der evangelikalen Theologie, etwa der Lausanner Bewegung, vertretenen Missionsverständnisses ist das Reich Gottes als in erster Linie zukünftige Größe. Es strahlt zwar in Gestalt der Gläubigen und der Gemeinde in die Gegenwart hinein, wird aber erst mit der Wiederkunft Jesu Christi sichtbar aufgerichtet.

Beurteilung: Die Position a) vermittelt den Eindruck, dass sie den zweiten Schritt ohne den ersten tut, d.h. dass sie gerechte Verhältnisse in dieser Welt erwartet und erkämpfen möchte, ohne vorher die radikale Umkehr des Einzelnen zu Jesus Christus als dem einzigen Weg zu Gott dem Vater (Joh 14,6) zu verkündigen. Ein solches verkürztes, weil letztlich rein immanentes und äußerliches Verständnis der Missio Dei ohne die transzendent-geistliche Grundlage hängt eng mit einer Verkürzung der biblischen Eschatologie (Lehre von den Letzten Dingen) zusammen.

Große Erweckungen gab es in der zweiten Hälfte des 20. Jahrhunderts vor allem in Afrika, Indonesien, Lateinamerika, China und Südkorea. Man schätzt, dass allein in China in den ersten Jahren nach dem Scheitern der maoistischen Kulturrevolution ca. 50 Millionen Menschen zum Glauben an Jesus Christus gekommen sind. In Lateinamerika gelten bereits 20 Prozent der Bevölkerung als evangelikale, bibeltreue Christen. Südkorea und viele afrikanische Länder beginnen neuerdings, eigene Missionare zu uns - in das ehemalige "christliche Abendland" - zu schicken, wo es schon seit längerer Zeit keine bedeutenden Erweckungen mehr gibt. Hier tut eine Neu-Evangelisierung Not!

Die Frage, die nun weiterhin zu untersuchen ist, lautet nun aber: Kann diese Evangelisierung *mit* der Römisch-Katholischen Kirche geschehen? Oder aber finden sich in der Römisch-Katholischen Kirche so schwerwiegende Irrlehren, daß eine Evangelisierung auch *an* den Gliedern der Römisch-Katholischen Kirche zu vollziehen ist? Um diese Fragen beantworten zu können, betrachten wir nun die grundlegenden Kennzeichen der Kirche Roms.

3. Was kennzeichnet die Römisch-Katholische Kirche?

Was kennzeichnet die Römisch-Katholische Kirche (RKK) oder Katholische Kirche (KK)? Die nachfolgenden Zitate sind v.a. aus folgenden Werken entnommen: Josef Neuner/Heinrich Roos, Der Glaube der Kirche in den Urkunden der Lehrverkündigung, neubearbeitet von Karl Rahner u. Karl-Heinz Weger, 10. Aufl. 1979 (abgekürzt: Neuner-Roos); sowie aus: Katechismus der Katholischen Kirche, 1993 (abgekürzt: KKK). Beide Werke werden in der Regel nicht nach Seiten, sondern nach Nummern zitiert.

1. Die Kirche ist der mystische Leib Christi und als solcher das Ursakrament. Sie ist unsichtbar und sichtbar zugleich. Sie ist das Gottesvolk des Neuen Bundes.

a. Die Kirche ist der *mystische Leib Christi*. Sie bildet Christus nicht nur ab, sondern ist Christus selber in neuer Gestalt. Der KKK (Nr. 795) zitiert Augustin und Thomas von Aquin: "Lasst uns also jubeln und Dank sagen, dass wir nicht bloß Christen geworden sind, sondern Christus" (Augustin, ev. Jo. 21,8). "Haupt und Glieder sind gleichsam eine mystische Person" (Thomas v. A., S. th. III, q. 48, a. 2, ad 1). Es besteht "ein wunderbar tiefes Verbundensein aller Gläubigen mit Christus, ganz wie zwischen dem Haupt und den übrigen Gliedern eines Leibes". Dieses Verbundensein geht so weit, dass sogar "Christi Sühneleiden ... in seinem geheimnisvollen Leibe, der Kirche, erneuert, gleichsam fortgesetzt und vollendet" wird. Diese Fortsetzung des Sühneleidens Christi, die Sühnegemeinschaft mit ihm erfolgt insbesondere im "eucharistischen Opfer" (Rundschreiben Papst Pius XI. "Miserentissimus Redemptor", 1928; s. Neuner-Roos Nr. 241ff.).

b. Die Kirche, die diese Sühnegemeinschaft mit Christus durch das eucharistische Opfer in vollkommener Weise pflegt und die Vollzahl der Sakramente besitzt, ist die römisch-katholische. Diese "ist, in Analogie zum Herrn selbst, *Ursakrament*, d.h. sie kann als die sichtbar und greifbar gewordene Gnade Gottes dem Menschen in Wort und Sakrament unfehlbar das Heil zusagen und vermitteln" (Neuner-Roos S. 248).

"Sie ist unter allen Völkern und Religionen das sichtbare Zeichen des bleibenden und für immer siegreichen Heilswillens Gottes und seiner Heilszusage in Jesus Christus. Sie weist nicht nur auf das übernatürliche Heil hin, sondern sie ist, trotz aller menschlichen Schwäche und trotz Sünde, die Sichtbarkeit der göttlichen Gnade selbst" (Neuner-Roos, S. 347).

In der Dogmatischen Konstitution über die Kirche "Lumen gentium" des 2. Vatikanischen Konzils wurde 1964 als doppelter Zweck der sakramentalen Funktion der Kirche definiert:

"Die Kirche ist ja in Christus gleichsam das Sakrament, das heisst Zeichen und Werkzeug für die innigste Vereinigung mit Gott wie für die Einheit der ganzen Menschheit" ("Lumen gentium" 1; s. Neuner-Roos Nr. 408).

Neben die vertikale tritt hier die horizontale, neben die theologische die anthropologische, neben die mystagogische die ökumenische, ja universalistische Dimension - ein Beispiel für das "aggiornamento" des 2. Vatikanums.

c. Wenn die Kirche der mystische Leib Christi und das Ursakrament ist, so bedeutet dies keineswegs, dass sie unsichtbar ist. Sondern so wie beim "Mysterium des fleischgewordenen Wortes", d.h. bei der Menschwerdung des Gottessohnes Jesus Christus, Geist und Leib, Unsichtbares und Sichtbares zusammenkommen, so ist auch die Kirche *sichtbar und unsichtbar* zugleich:

"Die mit hierarchischen Organen ausgestattete Gesellschaft und der geheimnisvolle Leib Christi, die sichtbare Versammlung und die geistliche Gemeinschaft, die irdische Kirche und die mit himmlischen Gaben beschenkte Kirche sind nicht als zwei verschiedene Größen zu betrachten, sondern bilden eine einzige komplexe Wirklichkeit, die aus menschlichem und göttlichem Element zusammenwächst" ("Lumen Gentium" 8, 1964; Neuner-Roos Nr. 410).

d. Die Kirche ist auch das *Gottesvolk des Neuen Bundes*. Sie nimmt die Stelle ein, die dem Volk Israel im Alten Bund zukam (Substitutionslehre). Von der Anknüpfung an das alttestamentliche Priestertum und seiner Ablösung durch die KK her erklären sich mancherlei Gebräuche, wie etwa der Opfercharakter der Eucharistie, bestimmte liturgische Elemente, die Verwendung von Priestergewändern, Weihrauch, Weihwasser und ähnliches. In "Lumen gentium" heisst es: Gott hat sich "das Volk Israel zum Eigenvolk erwählt und hat mit ihm einen Bund geschlossen und es Stufe für Stufe unterwiesen ... Dies alles aber wurde zur Vorbereitung und zum Vorausbild jenes neuen und vollkommenen Bundes, der in Christus geschlossen, und der volleren Offenbarung, die durch das Wort Gottes selbst in seiner Fleischwerdung übermittelt werden sollte" (Neuner-Roos Nr. 413). Während die RKK zum jüdischen Glauben in früheren Jahrhunderten eher eine ablehnende Haltung einnahm, gesteht sie im neuen Katechismus zu, dass Gottes Gnade und Berufung gegenüber Israel "unwiderruflich" sind, und spricht davon, dass "das Gottesvolk des Alten Bundes und das neue Volk Gottes ähnlichen Zielen" zustreben, nämlich der "Ankunft (oder ... Wiederkunft) des Messias" (KKK Nr. 839f.).

2. Die Zugehörigkeit zur Kirche beruht auf der Taufe und ist heilsnotwendig. Unverschuldete Unkenntnis der Kirche schließt aber nicht vom Heil aus.

Die RKK lehrt die Taufwiedergeburt und betrachtet die Taufe als Sakrament des Eintritts in die Kirche (Initiation). Die Taufe hat in der katholischen Lehre eine fundamentale Bedeutung und ihr werden viele Wirkungen zugeschrieben, die sich im Neuen Testament auf den persönlichen Glauben beziehen. So heisst es im Katechismus:

"Durch die Taufe werden wir von der Sünde befreit und als Söhne Gottes wiedergeboren; wir werden Glieder Christi, in die Kirche eingefügt und an ihrer Sendung beteiligt: 'Die Taufe ist das Sakrament der Wiedergeburt durch das Wasser im Wort.`" (KKK Nr. 1213).

Da die Taufe als Initiationsritus verstanden wird, ist es selbstverständlich, dass die Kindertaufe als Regelfall gilt:

"Die Kirche und die Eltern würden dem Kind die unschätzbare Gnade vorenthalten, Kind Gottes zu werden, wenn sie ihm nicht schon bald nach der Geburt die Taufe gewährten" (KKK Nr. 1250).

Auch wenn gesagt wird, dass die Taufe "heilsnotwendig" ist, der Seele "ein unauslöschliches Zeichen" einprägt, "Geburt zum neuen Leben" wirkt und der Getaufte "der Kirche, dem Leib Christi eingegliedert" wird (KKK Nr. 1277ff.), so kommt ihr doch kein Automatismus zu. Der Getaufte kann auch des Heils verlustig gehen, und zwar dann, wenn er sich mit vollem Bewusstsein von der KK als dem Ursakrament und Leib Christi sowie vom "Glauben der Kirche" (im Unterschied zum individuellen Glauben) abwendet: "Jeder Gläubige kann nur im Glauben der Kirche glauben" (KKK Nr. 1253). "Wer sich willentlich der Kirche verschließt, verweigert sich dem Herrn selbst und damit seinem eigenen Heil" (Neuner-Roos, S. 248). Das Zweite Vatikanische Konzil hat folgende Unterscheidung getroffen:

"Jene werden der Gemeinschaft der Kirche voll eingegliedert, die, im Besitze des Geistes Christi, ihre ganze Ordnung und alle in ihr eingerichteten Heilsmittel annehmen und in ihrem sichtbaren Verband mit Christus, der sie durch den Papst und die Bischöfe leitet, verbunden sind, und dies durch die Bande des Glaubensbekenntnisses, der Sakramente und der kirchlichen Leitung und Gemeinschaft. Nicht gerettet wird aber, wer, obwohl der Kirche eingegliedert, in der Liebe nicht verharrt und im Schosse der Kirche zwar 'dem Leibe`, aber nicht 'dem Herzen` nach verbleibt" ("Lumen Gentium" 14; s. Neuner-Roos Nr. 417).

Es ergibt sich also zweierlei: Zum einen, dass die Zugehörigkeit zur KK heilsnotwendig ist. Zum zweiten, dass eine bloße Mitgliedschaft "dem Leibe", d.h. der irgendwann vollzogenen Taufe nach, nicht ausreicht, sondern dass eine innere Bejahung des "Glaubens der Kirche", also eine

Mitgliedschaft "dem Herzen nach" hinzukommen muss.

Die Heilsnotwendigkeit der Mitgliedschaft in der RKK wurde in verschiedenen Dogmen schon früh zum Ausdruck gebracht. Bereits um 250 n. Chr. prägte der Kirchenvater Cyprian den Satz: "Salus extra ecclesiam non est (außerhalb der Kirche kein Heil" (De ecclesiae catholicae unitate). Er wurde immer wieder in Verlautbarungen des römischen Stuhls aufgegriffen, so etwa bei der IV. Kirchenversammlung im Lateran im Jahre 1215: "Es gibt nur eine allgemeine Kirche der Gläubigen. Außer ihr wird keiner gerettet." Dieser Heilsanspruch wird mit der Dogmatisierung der Transsubstantiations-Lehre im Zusammenhang mit dem eucharistischen Opfergedanken verknüpft:

"In ihr (der heilsvermittelnden Kirche) ist Jesus Christus Priester und Opfer zugleich. Sein Leib und Blut ist im Sakrament des Altars unter den Gestalten von Brot und Wein wahrhaft enthalten, nachdem durch Gottes Macht das Brot in den Leib und der Wein in das Blut wesensverwandelt sind" (Neuner-Roos Nr. 375).

In Verlautbarungen des 1. und 2. Vatikanischen Konzils wurde der Exklusivitätsanspruch der KK, Heilsmittlerin zu sein, zwar grundsätzlich beibehalten, aber in seiner Anwendung doch etwas modifiziert. Die Zugehörigkeit "dem Herzen nach" erlangte hier wesentliche Bedeutung. So heisst es im ersten Entwurf der Konstitution über die Kirche Christi des 1. Vatikanums aus dem Jahre 1870:

"Außerhalb der Kirche kann niemand gerettet werden. Freilich sind nicht alle, die in unüberwindlicher Unwissenheit über Christus und seine Kirche leben, schon aufgrund dieser Unwissenheit ewig zu verdammen. Denn vor den Augen des Herrn trifft sie keine Schuld, der will, dass alle Menschen gerettet werden und zur Erkenntnis der Wahrheit gelangen. Er schenkt auch jedem seine Gnade, der sich nach Kräften müht, so dass er die Rechtfertigung und das ewige Leben erreichen kann. Diese Gnade erhält aber keiner, der von der Einheit des Glaubens oder von der Gemeinschaft der Kirche aus eigener Schuld getrennt ist und so aus diesem Leben scheidet. Wer nicht in dieser Arche ist, wird in der Sintflut umkommen" (Neuner-Roos Nr. 369).

Das 2. Vatikanische Konzil hat die Beurteilung derer, die sich außerhalb der "Arche" der RKK befinden, detailliert gestaltet. Darauf gehe ich im nächsten Abschnitt ein.

3. Die Kirche wird definiert als die eine, heilige, katholische und apostolische Kirche.

Die Kirche ist eine *einzige*. In Anlehnung an Eph 4,3-6 wird im Katechismus die Einheit der Kirche folgendermaßen begründet:

"Sie hat nur einen Herrn, bekennt nur einen Glauben, geht aus einer einzigen Taufe hervor, bildet nur einen Leib, wird von einem einzigen Geist beseelt auf eine einzige Hoffnung hin; ist diese einmal erfüllt, dann werden alle Trennungen überwunden sein" (KKK Nr. 866).

Die Einheit der Kirche ist zunächst eine innere, unsichtbare Größe, bestehend aus all jenen, die zu Jesus Christus als dem Haupt des Leibes gehören. Sie ist aber auch eine sichtbare Größe, die ihre Zusammenfassung im Amt des Nachfolgers Petri als dem sichtbaren Haupt der Kirche auf Erden findet. Die Kirchen, die von dieser sichtbaren Einheit noch getrennt sind, streben doch mehr oder weniger auf das Ziel der katholischen Einheit hin. In ihnen finden sich in unterschiedlichem Masse Elemente der Wahrheit, während die RKK die Fülle der Wahrheit und des Heils verkörpert. Das 2. Vatikanische Konzil definiert:

"Die einzige Kirche Christi, die wir im Glaubensbekenntnis als die eine, heilige, katholische und apostolische bekennen ... in dieser Welt als Gesellschaft verfasst und geordnet, ist verwirklicht in der KK, die vom Nachfolger Petri und den Bischöfen in Gemeinschaft mit ihm geleitet wird. Das schließt nicht aus, dass außerhalb ihres Gefüges vielfältige Elemente der Heiligung und der Wahrheit zu finden sind, die als der Kirche Christi eigene Gaben auf die katholische Einheit hindrängen" ("Lumen Gentium" 8; s. Neuner-Roos Nr. 411).

Das 2. Vatikanische Konzil unterscheidet drei Stufen der Zugehörigkeit oder des Hindrängens zur KK:

"Zu dieser katholischen Einheit des Gottesvolkes ... sind alle Menschen berufen. Auf verschiedene Weise gehören ihr zu oder sind ihr zugeordnet die katholischen Gläubigen, die anderen an Christus Glaubenden und schließlich alle Menschen überhaupt, die durch die Gnade Gottes zum Heile berufen sind" ("Lumen Gentium" 13; s. Neuner-Roos Nr. 416).

Die katholischen Christen sind "der Gemeinschaft der Kirche voll eingegliedert". Mit den anderen Christen, "die als Getaufte mit dem christlichen Namen geziert sind, den vollständigen Glauben aber nicht bekennen oder die Gemeinschaft unter dem Nachfolger des Petrus nicht wahren, weiss sich die Kirche aus mehreren Gründen verbunden". Viele von diesen halten z.B. "die Schrift als Glaubens- und Lebensnorm in Ehren, zeigen einen aufrichtigen religiösen Eifer, glauben in Liebe an Gott". Sie "empfangen das Zeichen der Taufe" und zum Teil sogar andere Sakramente, wie etwa die orthodoxe Kirche, der "nur wenig fehlt, um zu der Fülle zu gelangen, die zu einer gemeinsamen Feier der Eucharistie des Herrn berechtigt". Die nicht-katholischen Kirchen stehen somit "in einer gewissen, wenn auch nicht vollkommenen Gemeinschaft mit der KK" ("Lumen gentium" 14f. und "Unitatis redintegratio" 3.13-18; s. Neuner-Roos Nr. 417f. und KKK Nr. 837f.).

Der Anspruch der RKK geht aber noch weiter. Sie betrachtet sich als "der Ort, an dem die Menschheit ihre Einheit und ihr Heil wiederfinden soll. Sie ist 'die versöhnte Welt`" (KKK Nr. 845). Deshalb sind auch die Angehörigen nichtchristlicher Religionen "auf das Volk Gottes in verschiedener Weise hingeordnet". Am engsten ist das Verhältnis zum jüdischen Volk, denn dieses besitzt "die Sohnschaft, die Herrlichkeit, die Bundesordnungen, ihm ist das Gesetz gegeben, der Gottesdienst und die Verheißungen, sie haben die Väter und dem Fleisch nach entstammt ihnen der Christus". Die nächst-engere Verbindung besteht zu den anderen monotheistischen Religionen. So wird - unter Außerachtlassung von Stellen wie Apg 16,30f. und 1. Joh 2,22f.! - formuliert:

"Die Heilsabsicht umfasst auch die, welche den Schöpfer anerkennen, unter ihnen besonders die Muslime, die sich zum Festhalten am Glauben Abrahams bekennen und mit uns den einzigen Gott anbeten, den barmherzigen, der die Menschen am Jüngsten Tag richten wird."

Und schließlich wird unter Berufung auf den ersten Glaubensartikel ("Gott der Schöpfer") von einer "Verbindung der Kirche mit den nichtchristlichen Religionen" überhaupt gesprochen, die "im gemeinsamen Ursprung und Ziel des Menschengeschlechts" liege. Die Religionen suchen "in Schatten und Bildern" nach Gott. In ihnen findet sich neben "Grenzen und Irrtümern" doch "Wahres und Gutes". Dieses Wahre und Gute betrachtet die Kirche "als Vorbereitung für die Frohbotschaft und als von dem gegeben ... der jeden Menschen erleuchtet, damit er schließlich das Leben habe" ("Lumen gentium" 16; KKK Nr. 839ff.).

Die Verlautbarungen des 2. Vatikanums zum Ökumenismus waren teilweise von Karl Rahners 1961 vorgetragener Ansicht über die "anonymen Christen" in anderen Religionen beeinflusst und wurden auf dem Konzil heftig diskutiert (vgl. K. Rahner, "Das Christentum und die nichtchristlichen Religionen", 1961, abgedruckt in: Schriften zur Theologie, Bd. V, 1962). Die Spannung zwischen katholischer Exklusivität, christlichem Missionsauftrag und ökumenischer Unversalität wird z.B. in folgender zusammenfassender Formulierung aus dem Dekret über die Missionstätigkeit der Kirche "Ad gentes" (1965) deutlich:

"Wenngleich Gott Menschen, die das Evangelium ohne ihre Schuld nicht kennen, auf Wegen, die er weiss, zum Glauben führen kann, ohne den es 'unmöglich` ist, ihm 'zu gefallen` (Hebr 11,6), so liegt doch auf der Kirche die Notwendigkeit und zugleich das heilige Recht der Verkündigung der Frohbotschaft" ("Ad gentes" 7; KKK Nr. 848).

b. Die Kirche ist *heilig*. Sie ist von Christus erwählt und ausgesondert als das "heilige Volk Gottes". Sie besitzt die Fülle der sakramentalen Heilsmittel. Sie vertraut auf die Fürsprache der vollendeten Heiligen und besonders der Gottesmutter Maria. Weil in ihrem Schoss Sünder sind, ist sie zugleich heilig und erneuerungsbedürftig. So wird im Katechismus definiert:

"Die Kirche ist heilig: Der heilige Gott ist ihr Urheber; Christus, ihr Bräutigam, hat sich für sie hingegeben, um sie zu heiligen; der Geist der Heiligkeit belebt sie. Zwar gehören ihr auch Sünder an, doch ist sie 'die Sündenlose, die aus Sündern besteht`. In den Heiligen erstrahlt ihre Heiligkeit; in Maria ist sie schon vollkommen heilig" (KKK Nr. 867).

c. Die Kirche ist *katholisch*. "Katholisch" kommt vom griech. "katholikos" = "das Ganze betreffend", "allumfassend". Seit Augustin wird der Begriff im geographischen Sinn ("über die ganze Erde verbreitet"), im numerischen Sinn ("zahlenmäßig die größte Kirche") und im zeitlich-geschichtlichen Sinn ("was überall und immer von allen geglaubt worden ist"; vgl. Vinzenz von Lerinum) verwendet. Auch das 2. Vatikanische Konzil und der von ihm geprägte Katechismus von 1993 nennen den quantitativen (geographischen, numerischen und geschichtlichen) Aspekt:

"Zum neuen Volk Gottes werden alle Menschen gerufen. Deswegen muss dieses Volk eines und ein einziges bleiben und sich über die ganze Welt und durch alle Zeiten hin ausbreiten ... Diese Eigenschaft der Universalität, die das Volk Gottes auszeichnet, ist eine Gabe des Herrn selbst, mit deren Hilfe die KK tatkräftig und stetig danach strebt, die ganze Menschheit mit all ihren Gütern unter dem Haupt Christus zusammenzufassen in der Einheit seines Geistes" ("Lumen gentium" 13; KKK Nr. 831).

Wichtiger erscheint nun aber der qualitative, geistliche Aspekt des "Katholischen", der folgendermaßen definiert wird: Die Kirche "ist katholisch, weil in ihr Christus zugegen ist. 'Wo Jesus Christus ist, da ist die KK`" (KKK Nr. 830; Zitat im Zitat: Ignatius von Antiochia, Smyrn. 8,2). "Katholisch" wird hier freilich im konfessionellen Sinne ("römisch-katholisch") verstanden, denn nur die RKK als Ursakrament, als mystischer Leib Christi ist es, welche "die Fülle der Mittel zum Heil" besitzt, nämlich "das richtige und ganze Glaubensbekenntnis, das vollständige sakramentale Leben und das geweihte Dienstamt in der apostolischen Sukzession" (KKK Nr. 830). Nach diesem Selbstverständnis der RKK ist es unerlässlich, dass die anderen Kirchen auf die Einheit mit ihr zustreben, um auch zur Fülle des katholischen Glaubens und Heils zu gelangen.

d. Die Kirche ist *apostolisch*, und zwar in dreifacher Hinsicht. Zum ersten ist sie "gegründet auf das Fundament der Apostel und Propheten", also der ersten, von Jesus selbst erwählten Jünger (Apostolizität des Ursprungs - apostolicitas originis; vgl. Eph 2,20). - Zum zweiten ist ihr aufgetragen, die apostolische Lehre zu bewahren und weiterzugeben, wofür ihr der Beistand des Heiligen Geistes verheißen ist (Apostolizität der Lehre - apostolicitas doctrinae; vgl. Mt 28,19f.; 1. Tim 1,13f.). - Zum dritten steht sie mit den Uraposteln in einer geistlichen Gemeinschaft, indem von diesen ausgehend in einer ununterbrochenen Kette bis heute ihren Nachfolgern, den Bischöfen, unter Handauflegung bei der Weihe die Fülle des Heiligen Geistes und damit die Bevollmächtigung zu ihrem Amt übertragen wurde (Apostolizität der Sukzession - apostolicitas successionis).

Während sich für die ersten beiden Formen der Apostolizität leicht biblische Belege beibringen lassen, fällt dies bei der Annahme einer apostolischen Sukzession schwer. Neutestamentliche Apostolizität setzte in der Regel Augenzeugenschaft des Lebens Jesu voraus und war unübertragbar (Apg 1,15ff.). Auch der KKK stellt dies fest: "Im Auftrag der Apostel liegt eine unübertragbare Aufgabe: erwählte Zeugen der Auferstehung des Herrn und Fundamente der Kirche zu sein." Dann jedoch wird behauptet: "Gleichzeitig liegt darin aber auch eine übertragbare Aufgabe." Begründet wird dies mit dem Sendungsauftrag, der über den Tod der Apostel hinaus fortdauert: "Wie aber das Amt fortdauert, das vom Herrn in einzigartiger Weise Petrus, dem Apostel, gewährt wurde und seinen Nachfolgern übertragen werden sollte, so dauert auch das Amt der Apostel, die Kirche zu weiden, fort, das von der geheiligten Ordnung der Bischöfe immerwährend ausgeübt werden muss." Darum lehrt die RKK, "dass die Bischöfe aufgrund göttlicher Einsetzung an die

Stelle der Apostel nachgerückt sind, gleichsam als Hirten der Kirche; wer sie hört, hört Christus, und wer sie verachtet, verachtet Christus und den, der Christus gesandt hat" ("Lumen gentium" 20; KKK Nr. 860ff.).

4. Kennzeichnend für die KK ist die Unterscheidung zwischen Klerus und Laien sowie das hierarchisch gestufte Amt.

In der apostolischen Sukzession stehend, werden die Bischöfe unter der Leitung des Papstes sowie die mit ihnen verbundenen Priester und anderen Geweihten der KK zu einem besonderen Stand. So unterscheidet die katholische Lehre zwischen dem allgemeinen Priestertum der Gläubigen und dem mit besonderen Qualitäten und Vollmachten ausgestatteten Amtspriestertum. Der Unterschied zwischen beiden Gruppen ist nicht nur ein gradueller, sondern ein wesensmäßiger. Jeder zum katholischen Priester Geweihte hat durch die Handauflegung des Bischofs ein unauslöschliches geistliches Merkmal, einen "Character indelebilis" eingeprägt bekommen, der ihn zum Kleriker macht und über den Laienstand erhebt. So wird im "Ersten Entwurf der Konstitution über die Kirche" des 1. Vatikanums betont:

"Die Kirche Christi ist ... nicht eine Gemeinschaft von Gleichgestellten, in der alle Gläubigen dieselben Rechte besäßen. Sie ist eine Gesellschaft von Ungleichen, und das nicht nur, weil unter den Gläubigen die einen Kleriker und die andern Laien sind, sondern vor allem deshalb, weil es in der Kirche eine von Gott verliehene Vollmacht gibt, die den einen zum Heiligen, Lehren und Leiten gegeben ist, den andern nicht. Man unterscheidet zwei kirchliche Gewalten: die Weihegewalt und die Leitungs- und Regierungsgewalt" (Neuner-Roos Nr. 394).

Worin unterscheiden sich nun die priesterlichen Vollmachten des Amtspriestertums und des allgemeinen Priestertums voneinander? Die Antwort gibt "Lumen gentium" 10:

"Das gemeinsame Priestertum der Gläubigen aber und das Priestertum des Dienstes, das heisst das hierarchische Priestertum unterscheiden sich zwar dem Wesen und nicht bloß dem Grade nach. Dennoch sind sie einander zugeordnet: das eine wie das andere nämlich nimmt je auf besondere Weise am Priestertum Christi teil. Der Amtspriester nämlich bildet kraft seiner heiligen Gewalt, die er innehat, das priesterliche Volk heran und leitet es; er vollzieht in der Person Christi das eucharistische Opfer und bringt es im Namen des ganzen Volkes Gott dar; die Gläubigen hingegen wirken kraft ihres königlichen Priestertums an der eucharistischen Darbringung mit und üben ihr Priestertum aus im Empfang der Sakramente, im Gebet, in der Danksagung, im Zeugnis eines heiligen Lebens, durch Selbstverleugnung und tätige Liebe" (Neuner-Roos Nr. 414).

Im Rundschreiben "Mediator Dei" (1947) von Papst Pius XII. wird deutlich zum Ausdruck gebracht, dass die KK dem Amtspriester eine Mittlerstellung zwischen Gott und Gemeinde zuteilt, weshalb nur er das Recht hat, das eucharistische Opfer zu vollziehen:

"Der Priester handelt nur deshalb an Stelle des Volkes, weil er die Person unseres Herrn Jesus Christus vertritt, insofern dieser das Haupt aller Glieder ist und sich selber für sie opfert; er tritt folglich an den Altar als Diener Christi, niedriger als Christus stehend, aber höher als das Volk. Das Volk aber, das unter keiner Rücksicht die Person des göttlichen Erlösers darstellt noch Mittler ist zwischen sich selbst und Gott, kann in keiner Weise priesterliche Rechte genießen. Das alles ist durch den Glauben sicher; daneben aber gilt, dass auch die Gläubigen, jedoch in anderer Weise, die göttliche Opfergabe darbringen ... (nämlich indem) das Volk seine Gesinnungen des Lobes, der Bitte, der Sühne und Danksagung mit den Gesinnungen oder der inneren Meinung des Priesters, ja des Hohenpriesters selbst zu dem Zwecke vereinigt, dass sie in der eigentlichen Opferdarbringung auch durch den äußeren Ritus des Priesters Gott dem Vater entboten werden" (Neuner-Roos Nr. 721.723).

Während der Bischof vom Papst "mit der Fülle des Weihesakraments ausgezeichnet" ist und durch die Priesterweihe dem Amtspriester von dieser Fülle Anteil gibt, sind die einfachen Gläubigen durch Taufe und Firmung zum "Laienapostolat" berufen. Dieser Laienapostolat wird umschrieben mir Begriffen wie "Mitwirkung" bei der Eucharistie, "Teilnahme" an der Heilssendung der Kirche und bezieht sich vor allem auf das "Priestertum des Alltags" im Sinne von Röm 12,1 und 1. Petr 2,5, aber nicht auf irgendwelche übernatürlichen geistlichen Vollmachten, die dem Amtspriestertum vorbehalten sind:

"Deshalb sind die Laien Christus geweiht und mit dem Heiligen Geist gesalbt und dadurch wunderbar dazu berufen und ausgerüstet, dass immer reichere Früchte des Geistes in ihnen hervorgebracht werden. Es sind nämlich alle ihre Werke, Gebete und apostolischen Unternehmungen, ihr Ehe- und Familienleben, die tägliche Arbeit, die geistige und körperliche Erholung, wenn sie im Geist getan werden, aber auch die Lasten des Lebens, wenn sie geduldig ertragen werden, 'geistige Opfer, wohlgefällig vor Gott durch Jesus Christus'" ("Lumen gentium" 33f.; Neuner-Roos Nr. 421f.).

Die RKK ist durch und durch hierarchisch strukturiert. Auf der untersten Stufe steht die breite Masse der einfachen Gläubigen, die durch Taufe und Firmung zum Laienapostolat berufen sind. Darüber stehen die durch unterschiedliche Weihegrade qualifizierten Ämter. Als erstes sind zu nennen die Amtsträger, welche die "niederen Weihen" erhalten haben. Sie nehmen Hilfsdienste an der Seite des Priesters oder Diakons wahr, wie etwa Altardiener, Vorleser oder Pförtner. Manchmal begegnet auch der Begriff des "Subdiakons" für denjenigen, der dem Diakon oder Priester assistiert. Die höheren Weihen erhalten in aufsteigender Ordnung der Diakon, der Priester und der Bischof.

"Aufgabe der *Diakone* ist es unter anderem, dem Bischof und den Priestern bei der Feier der göttlichen Geheimnisse, vor allem der Eucharistie, zu helfen, die heilige Kommunion zu spenden, der Eheschließung zu assistieren und das Brautpaar zu segnen, das Evangelium zu verkünden und zu predigen, den Begräbnissen vorzustehen und sich den verschiedenen karitativen Diensten zu widmen."

Den Diakonen werden die Hände "nicht zum Priestertum, sondern zum Dienst" aufgelegt, d.h. sie dürfen die eigentlichen sakramentalen Handlungen (Wandlung der Hostie, Spendung der Ehe usw.) nicht vollziehen (vgl. "Lumen gentium" 29; KKK Nr. 1569f.). Das bleibt den Priestern vorbehalten. Angesichts des heutigen Priestermangels kommt den Diakonen in der KK dennoch eine wachsende Bedeutung bei allen Handlungen zu, die nicht unmittelbar mit dem übernatürlichen Kern der Sakramente zu tun haben.

Die *Priester* nehmen in Zusammenarbeit mit dem Bischof und als dessen Vertreter vor Ort das Lehr-, Priester- und Hirtenamt in der Gemeinde wahr:

"Die Priester sind, obwohl sie nicht die höchste Stufe der priesterlichen Weihe haben und in der Ausübung ihrer Vollmacht von den Bischöfen abhängen, dennoch mit ihnen in der priesterlichen Würde verbunden und werden kraft des Sakramentes der Weihe nach dem Bilde Christi, des höchsten und ewigen Priesters, zum Verkündigen des Evangeliums, zum Weiden der Gläubigen und zur Feier des Gottesdienstes geweiht als wahre Priester des Neuen Bundes ... Ihr heiliges Amt aber üben sie am meisten in der eucharistischen Feier oder Zusammenkunft aus, bei der sie in der Person Christi handeln und sein Mysterium verkünden, die Gebete der Gläubigen mit dem Opfer ihres Hauptes verbinden und das einzige Opfer des Neuen Bundes, Christus nämlich, der sich ein für allemal dem Vater als unbefleckte Opfergabe darbrachte, im Opfer der Messe bis zur Ankunft des Herrn vergegenwärtigen und zuwenden" ("Lumen gentium" 28; KKK Nr. 1564.1566).

Die "Fülle des Weihesakramentes" besitzen die *Bischöfe*. Auf sie ist die Fülle des Geistes der Apostel durch Handauflegung in der apostolischen Sukzession weitergegeben worden. Sie bestimmen und weihen Priester als ihre Vertreter und besitzen in Gemeinschaft untereinander und Unterordnung unter den Papst die höchste Priester-, Lehr- und Leitungsgewalt in der Kirche:

"Die Bischofsweihe überträgt mit dem Amt der Heiligung auch die Ämter der Lehre und der Leitung, die jedoch ihrer Natur nach nur in der hierarchischen Gemeinschaft mit Haupt (= Papst) und Gliedern (= anderen Bischöfen) des Kollegiums ausgeübt werden können. Aufgrund der Überlieferung ... ist es klar, dass durch die Handauflegung und die Worte der Weihe die Gnade des Heiligen Geistes so übertragen und das heilige Prägemal so verliehen wird, dass die Bischöfe in hervorragender und sichtbarer Weise die Aufgaben Christi selbst, des Lehrers, Hirten und Priesters, innehaben und in seiner Person handeln. Sache der Bischöfe ist es, durch das Weihesakrament neue Erwählte in die Körperschaft der Bischöfe aufzunehmen" ("Lumen gentium" 21; s. Neuner-Roos Nr. 725).

Über den Bischöfen wiederum steht nur noch der Papst.

5. Dem Papst kommt als dem Nachfolger des Apostels Petrus und dem Stellvertreter Christi auf Erden die Leitungs-, Lehr- und Rechtsprechungsgewalt sowie - unter bestimmten Bedingungen - das Charisma der Unfehlbarkeit zu.

Der Papst (griech./lat. "papa" = Vater) ist der Bischof von Rom und zugleich das Oberhaupt der KK. Ihm eignet die Fülle des Heiligen Geistes, die höchste Priester-, Lehr- und Leitungsgewalt. Deshalb führt er Bezeichnungen wie "Summus Pontifex" ("Oberster Priester"), "Catholicae Ecclesiae Episcopus" ("Bischof der KK") oder "Sanctitas Sua" ("Seine Heiligkeit"). Begründet wird dieser Anspruch mit den Stellen Mt 16,18f., Lk 22,31f. und Joh 21,15ff., obwohl in der Bibel - wie schon ausgeführt - nichts von einem Nachfolger des Apostels Petrus als Bischof von Rom steht. So hieß es in einem Brief Papst Leos IX. an den konstantinopolitanischen Patriarchen Michael Kerullarios aus dem Jahre 1053, kurz vor dem Schisma zwischen Konstantinopel und Rom:

"Die heilige Kirche ist gebaut auf den Fels, d.h. Christus, und auf Petrus oder Kephas, den Sohn des Johannes, der früher Simon hieß, auf den Fels, der von den Pforten der Hölle, nämlich von den Angriffen der Irrgläubigen, die eitle Menschen zum Verderben führen, nicht überwunden wird. So verspricht es die Wahrheit selbst, durch die wahr ist, was immer wahr ist: 'Die Pforten der Hölle werden sie nicht überwältigen` (Mt 16,18) Und die Erfüllung dieser Verheißung hat der Sohn vom Vater erfleht, wie er Petrus gegenüber versichert: 'Simon, siehe der Satan` usw. (Lk 22,31). Sollte also einer so verblendet sein und das Gebet dessen, bei dem Wollen Können ist, irgendwie für nutzlos halten? Sind nicht von dem Stuhl des Apostelfürsten, d.h. von der römischen Kirche, durch Petrus selbst sowohl wie auch durch seine Nachfolger, die Behauptungen aller Irrlehrer zurückgewiesen, widerlegt und niedergeworfen worden? Sind nicht die Herzen der Brüder gestärkt worden im Glauben Petri, der bisher nie wankte noch je wanken wird?" (Neuner-Roos Nr. 428).

Die älteste kirchenamtliche Erklärung über den Vorrang des Bischofs von Rom sowie die Sukzession des Petrusamtes wurde im Jahre 431 auf dem Konzil von Ephesus abgegeben:

"Niemand bezweifelt, denn es ist allen Zeiten bekannt, dass der heilige und seligste Petrus, der Fürst und das Haupt der Apostel, die Säule des Glaubens, die Grundfeste der KK, von unserem Herrn Jesus Christus, dem Heiland und Erlöser des Menschengeschlechtes, die Schlüssel des Reiches empfing. Und er lebt bis auf diese Zeit und immerdar in seinen Nachfolgern, den Bischöfen des Heiligen Römischen Stuhls, der von ihm selbst gegründet und mit seinem Blut geweiht ist. Da führt er den Vorsitz und übt das Richteramt aus" (Neuner-Roos Nr. 441).

Das 1. Vatikanische Konzil belegt jeden mit dem Ausschluss, der dies nicht annimmt:

"Wer also behauptet: nicht aufgrund der Einsetzung von Christus dem Herrn selber, d.h. aufgrund göttlichen Rechts habe der heilige Petrus seine beständigen Nachfolger im Vorrang über die gesamte Kirche, oder: der Bischof von Rom sei nicht der Nachfolger Petri in diesem Vorrang, der sei ausgeschlossen" (Neuner-Roos Nr. 443).

Die Bulle "Unam sanctam" von Papst Bonifaz VIII. aus dem Jahre 1302 erklärte die Unterwerfung unter den Papst für heilsnotwendig:

"Dem römischen Papst sich zu unterwerfen, ist für alle Menschen unbedingt zum Heile notwendig: Das erklären, behaupten, bestimmen und verkünden Wir" (Neuner-Roos Nr. 430).

Der päpstliche Primat wurde in klassischer Weise auf dem Konzil von Florenz im Jahre 1439 definiert:

"Wir bestimmen, dass der Heilige Apostolische Stuhl und der römische Bischof den Vorrang über den ganzen Erdkreis innehat, weiter, dass dieser römische Bischof Nachfolger des heiligen Petrus, des Apostelfürsten, wahrer Stellvertreter Christi, Haupt der gesamten Kirche und Vater und Lehrer aller Christen ist; dass ihm im heiligen Petrus die volle Gewalt, die ganze Kirche zu weiden, zu regieren und zu verwalten von unserem Herrn Jesus Christus übergeben ist" (Neuner-Roos Nr. 434).

Der Papst übt die höchste Priester-, Leitungs-, Lehr- und Rechtsprechungsgewalt aus. Die Priestergewalt kommt ihm gemeinsam mit den Priestern und Bischöfen zu, die Leitungs- und Lehrgewalt gemeinsam mit den Bischöfen, aber unter seiner Oberleitung, die Rechtsprechungsgewalt besitzt er allein. Schranken für letztere sind nur die durch das kirchliche Lehramt bereits festgestellten und unwiderruflichen Dogmen sowie das göttliche Kirchenrecht. Die Jurisdiktionsgewalt des Papstes bezieht sich sowohl auf Fragen des

Glaubens und der Sitte als auch auf die Leitung und Ordnung der Gesamtkirche, also Verwaltung, Gesetzgebung und Rechtsprechung. Darüber hinaus gilt der Papst als oberster Richter aller Gläubigen. Seine Jurisdiktionsgewalt ist unabhängig vom weltlichen Recht und seinen Trägern, vielmehr können sich diese (z.B. Staatsoberhäupter) nach katholischem Rechtsverständnis an ihn wenden und sein Urteil erbitten, was heute freilich selten geschieht.

Im "Ersten Lehrentscheid über die Kirche Christi" des 1. Vatikanischen Konzils wurden die einzelnen Vollmachten des Papstes ausführlich definiert, insbesondere die Leitungs-, Lehr- und Rechtsprechungsgewalt und - neu - die päpstliche Unfehlbarkeit. So heisst es u.a.:

"Die römische Kirche besitzt nach der Anordnung des Herrn den Vorrang der ordentlichen Gewalt über alle anderen Kirchen. Diese Gewalt der Rechtsbefugnis des römischen Bischofs, die wirklichen bischöflichen Charakter hat, ist unmittelbar. Ihr gegenüber sind Hirten und Gläubige jeglichen Ritus und Rangs, einzeln sowohl wie in ihrer Gesamtheit, zur Pflicht hierarchischer Unterordnung und wahren Gehorsams gehalten, nicht allein in Sachen des Glaubens und der Sitten, sondern auch der Ordnung und Regierung der über den ganzen Erdkreis verbreiteten Kirche ... Der römische Bischof ist der oberste Richter aller Gläubigen, und man kann in allen Streitsachen, die kirchlicher Untersuchung zustehen, an dieses Gericht Berufung einlegen. Über das Urteil des Apostolischen Stuhls jedoch darf niemand aufs neue verhandeln, da es keine höhere

Amtsgewalt gibt, und niemandem ist es erlaubt, über dieses Gericht zu richten" (Neuner-Roos Nr. 445.447).

Neu kam auf dem 1. Vatikanischen Konzil das Dogma von der "päpstlichen Unfehlbarkeit" hinzu. Es wurde ganz offensichtlich als papalistische Gegenreaktion auf den schwindenden politischen Einfluss des Vatikans formuliert, seit 1859 der italienische Einheitsstaat im Entstehen war und die Kurie zunehmend in ihren Rechten beschnitt. Wenige Wochen nach der Verkündigung des Unfehlbarkeitsdogmas am 18. Juli 1870 ging denn auch der Kirchenstaat unter (am 20. September 1870). Papst Pius IX. hatte dieses Dogma gegen den Willen einer Minderheit von Bischöfen und katholischen Hochschulprofessoren durchgedrückt. Ein Teil von diesen gründete daraufhin die Altkatholische Kirche. Das Dogma lautet:

"Wenn der römische Bischof in höchster Lehrgewalt (ex cathedra) spricht, das heisst, wenn er seines Amts als Hirt und Lehrer aller Christen waltend in höchster, apostolischer Amtsgewalt endgültig entscheidet, eine Lehre über Glauben oder Sitten sei von der ganzen Kirche festzuhalten, so besitzt er aufgrund des göttlichen Beistandes, der ihm im heiligen Petrus verheißen ist, jene Unfehlbarkeit, mit der der göttliche Erlöser seine Kirche bei endgültigen Entscheidungen in Glaubens- und Sittenlehren ausgerüstet haben wollte. Diese endgültigen Entscheidungen des römischen Bischofs sind daher aus sich und nicht aufgrund der Zustimmung der Kirche unabänderlich. Wenn sich jemand - was Gott verhüte - herausnehmen sollte, dieser unserer endgültigen Entscheidung zu widersprechen, so sei er ausgeschlossen" (Neuner-Roos Nr. 454).

Auf dem 2. Vatikanischen Konzil wurde zwar das Bischofskollegium gegenüber dem Papst aufgewertet, blieb aber doch dem Primat des Papstes unterstellt:

"Das Bischofskollegium ist Nachfolger des Apostelkollegiums, es hat, zusammen mit dem Papst, dieselbe Vollmacht wie der Nachfolger Petri. Diese Vollmacht wird deshalb nicht vom Papst erteilt. Dennoch ist der Papst mitkonstituierendes Glied des Bischofskollegiums, und zwar so, dass ohne ihn das Bischofskollegium seine Vollmacht verliert" (Neuner-Roos S. 310).

Im einzelnen wurde beschlossen:

"Die Ordnung der Bischöfe, die dem Kollegium der Apostel im Lehr- und Hirtenamt nachfolgt, ja, in welcher die Körperschaft der Apostel immerfort weiterbesteht, ist gemeinsam mit ihrem Haupt, dem Bischof von Rom, und niemals ohne dieses Haupt, gleichfalls Träger der höchsten und vollen Gewalt über die ganze Kirche. Diese Gewalt kann nur unter Zustimmung des Bischofs von Rom ausgeübt werden. Der Herr hat allein Simon zum Fels und Schlüsselträger der Kirche bestellt (vgl. Mt 16,18-19) und ihn als Hirten seiner ganzen Herde eingesetzt (vgl. Joh 21,15ff). Es steht aber fest, dass jenes Binde- und Löseamt, welches dem Petrus verliehen wurde (Mt 16,19), auch dem mit seinem Haupt verbundenen Apostelkollegium zugeteilt worden ist (Mt 18,18; 28,16-20)" ("Lumen gentium" 22; s. Neuner-Roos Nr. 456).

Im Blick auf die Unfehlbarkeit wird definiert:

"Die einzelnen Bischöfe besitzen zwar nicht den Vorzug der Unfehlbarkeit. Wenn sie aber, in der Welt räumlich getrennt, jedoch in Wahrung des Gemeinschaftsbandes untereinander und mit dem Nachfolger Petri, authentisch in Glaubens- und Sittensachen lehren und eine bestimmte Lehre übereinstimmend als endgültig verpflichtend vortragen, so verkündigen sie auf unfehlbare Weise die Lehre Christi. Dies ist noch offenkundiger der Fall, wenn sie auf einem ökumenischen Konzil vereint für die ganze Kirche Lehrer und Richter des Glaubens und der Sitten sind ... Die der Kirche verheißene Unfehlbarkeit ist auch in der Körperschaft der Bischöfe gegeben, wenn sie das oberste Lehramt zusammen mit dem Nachfolger Petri ausübt" ("Lumen gentium" 25; s. Neuner-Roos Nr. 466).

Dass es fehlbare Entscheidungen des kirchlichen Lehramtes gab (und gibt), kann von der KK nicht bestritten werden. Man versucht sich zu behelfen, indem man ex-cathedra-Verlautbarungen von anderen kirchlichen Stellungnahmen unterscheidet und ein "Wachstum des Verständnisses" gegenüber manchen Verlautbarungen postuliert, die zunächst als fehlbar galten. Während gegenüber dogmatisierten Entscheidungen absoluter Glaubensgehorsam gefordert wird, solle man vorläufige Lehräußerungen positiv würdigen und sich aneignen. So heisst es in einem "Schreiben der Deutschen Bischöfe an alle, die von der Kirche mit der Glaubensverkündigung beauftragt sind" vom 22.9.1967:

"Dass der kirchlichen Lehrautorität bei der Ausübung ihres Amtes Irrtümer unterlaufen können und unterlaufen sind ...

hat die Kirche immer gewusst, in ihrer Theologie auch gesagt und Verhaltensregeln für eine solche Situation entwickelt. Diese Irrtumsmöglichkeit bezieht sich nicht auf solche Lehrsätze, die durch eine feierliche Definition des Papstes oder des Allgemeinen Konzils oder durch das ordentliche Lehramt als mit absoluter Glaubenszustimmung zu umfassen verkündigt werden. Es ist auch geschichtlich unrichtig, zu behaupten, dass sich nachträglich in solchen Dogmen der Kirche ein Irrtum herausgestellt habe. Damit wird natürlich nicht bestritten, dass auch bei einem Dogma unter Aufrechterhaltung seines ursprünglichen Sinnes ein Wachstum seines Verständnisses unter Abgrenzung gegenüber vorher vielleicht mitlaufenden Missverständnissen immer möglich und immer notwendig ist ... Ernsthafte Bemühung, auch eine vorläufige Lehräußerung der Kirche positiv zu würdigen und sich anzueignen, gehört zur richtigen Glaubenshaltung eines Katholiken" (Neuner-Roos Nr. 468f.).

6. Die KK empfiehlt die Verehrung der Heiligen als Fürsprecher sowie der "Gottesmutter" Maria als Urbild der Kirche.

Irdische und himmlische Kirche gehören nach katholischem Verständnis untrennbar zusammen. Die himmlische Kirche (ecclesia coelestis) besteht aus den verstorbenen Heiligen, die für die Glieder der irdischen Kirche Fürsprache tun:

"Die Einheit der Erdenpilger mit den Brüdern, die im Frieden Christi entschlafen sind, wird also keineswegs unterbrochen, sie wird vielmehr nach dem beständigen Glauben durch die Mitteilung geistlicher Güter gestärkt ... Denn dadurch, dass die, die im Himmel sind, inniger mit Christus vereint werden, festigen sie die ganze Kirche stärker in der

Heiligkeit ... hören sie nicht auf, ... beim Vater für uns einzutreten, indem sie die Verdienste darbringen, die sie durch den einen Mittler zwischen Gott und den Menschen, Christus Jesus, auf Erden erworben haben ... Daher findet durch ihre brüderliche Sorge unsere Schwachheit reichste Hilfe ... Unser Gebet für die Verstorbenen kann nicht nur ihnen selbst helfen: wenn ihnen geholfen ist, kann auch ihre Fürbitte für uns wirksam werden" ("Lumen gentium" 49f.; KKK Nr. 955f.958).

Besondere Verehrung wird Maria dargebracht. Als Mutter Christi ist sie zugleich Mutter des mystischen Leibes Christi, also der Kirche:

"Die Jungfrau Maria ... wird als wahre Mutter Gottes und des Erlösers anerkannt und geehrt ... 'Sie ist ausdrücklich Mutter der Glieder (Christi), ... weil sie in Liebe mitgewirkt hat, dass die Gläubigen in der Kirche geboren werden, die jenes Hauptes Glieder sind`" ("Lumen gentium" 53; KKK Nr. 963).

Die Mitwirkung Marias bei der Geburt der Gläubigen erfolgt in Form ihrer Fürbitte. Diese wiederum setzt ihre durch die "unbefleckte Empfängnis" gewährleistete Gnadenmittlerschaft ("Mittlerin zum Mittler") sowie ihre "Aufnahme mit Leib und Seele in die himmlische Herrlichkeit" voraus - beides Dogmen, die erst im 19. und 20. Jahrhundert verkündet wurden. Einflussreiche Kreise und Visionärinnen in der KK fordern inzwischen sogar, Maria zur "Miterlöserin" neben Christus zu erklären - gegen klare biblische Aussagen wie Joh 14,6; Apg 4,12; 1. Tim 2,5 u.a.!

Papst Pius XII. hat die Haupttätigkeiten Marias nach katholischer Vorstellung in seinem Rundschreiben "Mystici corporis Christi" von 1943 zusammengefasst:

"Sie hat, frei von jeder persönlichen oder erblichen Verschuldung und immer mit ihrem Sohn aufs innigste verbunden, Ihn auf Golgatha zusammen mit dem gänzlichen Opfer ihrer Mutterrechte und ihrer Mutterliebe dem Ewigen Vater dargebracht als neue Eva für alle Kinder Adams, die von dessen traurigem Fall entstellt waren. So ward sie, schon zuvor Mutter unseres Hauptes dem Leibe nach, nun auch aufgrund eines neuen Titels des Leids und der Ehre im Geiste Mutter aller seiner Glieder. Sie war es, die durch ihre mächtige Fürbitte erlangte, dass der schon am Kreuz geschenkte Geist des göttlichen Erlösers am Pfingsttag der neugeborenen Kirche in wunderbaren Gaben gespendet wurde. Sie hat endlich dadurch, dass sie ihr namenloses Leid tapfer und vertrauensvoll trug, mehr als alle Christgläubigen zusammen, als wahre Königin der Märtyrer 'ergänzt, was an den Leiden Christi noch fehlt ... für seinen Leib, die Kirche` (Kol 1,24). Sie hat den geheimnisvollen Leib Christi, der aus dem durchbohrten Herzen des Heilands geboren ward, mit derselben innigen Mutterliebe und Sorge begleitet, womit sie das Jesuskind in der Krippe und an ihrer Brust umhegte und nährte. Ihrem unbefleckten Herzen haben Wir vertrauensvoll alle Menschen geweiht. Möge sie, die hochheilige Mutter aller Glieder Christi, strahlend jetzt in der Himmelsglorie mit Leib und Seele und herrschend droben mit ihrem Sohn, von Ihm inständig erflehen, dass reiche Ströme der Gnade unaufhörlich herabfliessen vom erhabenen Haupt auf die Glieder des geheimnisvollen Leibes" (Neuner-Roos Nr. 482).

Was die *Lehre* angeht, sei abschließend zu dieser kurzen Darstellung der KK betont: Die RKK hat viele Sonderlehren eingeführt, die sich nicht durch klare Aussagen der Heiligen Schrift belegen lassen, sondern die im Widerspruch zu Gottes Wort stehen, so etwa die folgenden, nach Jahreszahlen geordnet:

• 355: Der römische Bischof beansprucht: Er sei der Papst, der direkte Nachfolger des Apostelfürsten Petrus.
• 375: Heiligenverehrung (nach Röm 1,25 Götzendienst) wird offiziell eingeführt.
• 397: Als Folge davon entwickelt sich der Reliquienkult (Überreste von verstorbenen Bischöfen und Heilig gesprochenen werden als wundertätig verehrt; magisches Denken).
• 431: Maria, die Mutter Jesu, wird als »Mutter Gottes« oder »Gottesgebärerin« dogmatisiert.
• 529: Es bilden sich die ersten Mönchsorden (Benediktiner) in Italien.
• 550: Einführung des »Sterbesakraments« (letzte Ölung)
• 592: Behauptung eines »Fegefeuers« nach dem Tod
• 688: Kreuze aus Holz, Stein oder anderen Materialien sollen angebetet werden.
• 715: Heilige sollen im »Gebet« angerufen werden können (nach 3. Mo 19,31 Spiritismus).
• 787: Bilder können verehrt werden (entgegen dem Bilderverbot aus 2. Mo 20,4).
• 1074: Die Priester sollen ehelos bleiben (Zölibat; entgegen 1. Tim 4,1-5; 1. Kor 9,5).
• 1100: Seelenmessen für Verstorbene werden eingeführt.

• 1115: Der Ablass wird eingeführt (Freikauf von zeitlichen Sündenstrafen aus dem Fegefeuer durch Bußleistungen oder Geld).
• 1208: Das Rosenkranzbeten wird eingeführt (»Gebet« zu Maria; Spiritismus).
• 1215: Die Transsubstantiationslehre wird dogmatisiert (substantielle Verwandlung des Brotes und Weines in Leib und Blut Jesu Christi zur Sündenvergebung).
• 1246: Einführung von »Fronleichnam« (Verehrung des »Leibes Christi« bzw. der Hostie im Tabernakel).
• 1414: Der Wein wird dem Kirchenvolk vorenthalten, es bekommt nur noch die Hostie (das Brot) – gegen Mt 26,27: »Trinket alle daraus!«.
• 1545: Tridentinisches Konzil mit folgenden Beschlüssen der katholischen Kirche. Unter anderem: 1563: 1. Wer behauptet, allein durch den Glauben werde der Sünder gerechtfertigt, der sei ausgeschlossen! (aus der Kirche, von der Erlösung) 2. Wer behauptet, die empfangene Gerechtigkeit werde nicht vor Gott durch gute Werke vermehrt, sondern diese Werke seien nur Früchte und Zeichen der erlangten Rechtfertigung, der sei ausgeschlossen!
1564: Die Apokryphen werden zum Wort Gottes erklärt.
• 1854: Unbefleckte Empfängnis Marias wird dogmatisiert (Maria habe Jesus geboren, weil sie selbst sündlos war. Wäre Maria sündig gewesen, hätte auch Jesus Sünden gehabt) – gegen Röm 3,10: »Da ist keiner, der gerecht ist, nicht einer!«
• 1871: Die »Unfehlbarkeit« des Papstes wird behauptet und dogmatisiert (s.o.).
• 1950: Maria sei leibhaftig zum Himmel aufgefahren (Mariä Himmelfahrt) (findet sich nirgends in der Heiligen Schrift)

4. Wie versteht die Römisch-Katholische Kirche „Neuevangelisierung“ und „Einheit“?

Nach dem im letzten Kapitel dargestellten Selbstverständnis der Römisch-Katholischen Kirche (RKK) dürfte es klar geworden sein:
Für die Römisch-Katholische Kirche kann Neu-Evangelisierung nur bedeuten: „Rückkehr zu Christus“ – und da für die Römisch-Katholische Kirche *sie selber (!)* der „mystische Leib Christi“ in der Fülle (verkörpert durch die „sieben Sakramente“) ist, bedeutet Rückkehr zu Christus zugleich Rückkehr zur Römisch-Katholischen Kirche!
Folgende Zitate aus wichtigen neueren Verlautbarungen des Vatikans belegen diese These:

Nachsynodales Apostolisches Schreiben „Ecclesia in Europa“ („Die Kirche in Europa“), 2003:

18. ... Die Quelle der Hoffnung für Europa und für die ganze Welt ist Christus, »und die Kirche ist der Kanal, durch den die Gnadenflut aus dem durchbohrten Herzen des Erlösers strömt und sich ausbreitet.«

22. Wenn die europäischen Völker zu Christus zurückkehren, werden sie jene Hoffnung wiederfinden können, die allein dem Leben Sinnfülle zu geben vermag. Auch heute können sie ihm begegnen, denn *Jesus ist in seiner Kirche gegenwärtig, er lebt und wirkt in ihr:* Er ist in der Kirche und die Kirche ist in ihm (vgl. *Joh* 15, 1 ff; *Gal 3,* 28; *Eph*

4, 15-16; Apg 9, 5). In ihr vollbringt er kraft der Gabe des Heiligen Geistes weiter unaufhörlich sein Heilswerk. Mit den Augen des Glaubens können wir die geheimnisvolle Gegenwart Jesu in den verschiedenen Zeichen, die er uns hinterlassen hat, wahrnehmen. Er ist vor allem gegenwärtig in der Heiligen Schrift, die in allen Teilen von ihm spricht (vgl. *Lk* 24, 27.44-47). In wirklich einzigartiger Weise ist er jedoch unter den eucharistischen Gestalten gegenwärtig...

74. Ein besonders wichtiger Platz muß der *Feier der Sakramente* vorbehalten bleiben, als Handlungen Christi und der Kirche, die auf die Verehrung Gottes, die Heiligung der Menschen und den Aufbau der kirchlichen Gemeinschaft ausgerichtet sind.

75. Die *Eucharistie,* höchste Gabe Christi an die Kirche, macht im Mysterium das Opfer Christi für unser Heil gegenwärtig: »Die Heiligste Eucharistie enthält das Heilsgut der Kirche in seiner ganzen Fülle, Christus selbst, unser Osterlamm«. Aus ihr, »Quelle und Höhepunkt des ganzen christlichen Lebens« , schöpft die Kirche auf ihrer Pilgerschaft und findet darin die Quelle jeder Hoffnung. Denn die Eucharistie gibt »unserem Weg durch die Geschichte einen Impuls, indem sie in die tägliche Hingabe eines jeden an die Erfüllung der eigenen Pflichten den Samen lebendiger Hoffnung hineinlegt« .

79. Besondere Aufmerksamkeit muß auch der *Volksfrömmigkeit* eingeräumt werden. Sie ist in den verschiedenen Regionen Europas durch die Bruderschaften, durch Wallfahrten und Prozessionen zu zahlreichen Heiligtümern weitverbreitet und bereichert so den Lauf des Kirchenjahres und inspiriert Bräuche und Gepflogenheiten in Familie und Gesellschaft. Alle diese Formen müssen aufmerksam beobachtet werden durch eine Pastoral zur Förderung und Erneuerung, die ihnen hilft, alles zu entfalten, was echter Ausdruck der Weisheit des Volkes Gottes ist. Dies gilt sicherlich für den Rosenkranz. In diesem ihm gewidmeten Jahr liegt es mir am Herzen, dieses Gebet nochmals zu

empfehlen; denn »der Rosenkranz, in seiner ganzen Bedeutung wieder neu entdeckt, führt ins Herz des christlichen Lebens selbst hinein. Er bietet eine gewohnheitsmäßige und ebenso fruchtbare geistige wie pädagogische Möglichkeit der persönlichen Betrachtung, der geistlichen Bildung des Volkes Gottes und der Neuevangelisierung« .

Enzyklika „Ut unum sint" („Damit sie eins seien"), 1995

9. ... An Christus glauben heißt, die Einheit wollen; die Einheit wollen heißt, die Kirche wollen; die Kirche wollen heißt, die Gnadengemeinschaft wollen, die dem Plan des Vaters von Ewigkeit her entspricht. Das also ist die Bedeutung des Gebetes Christi: *«Ut unum sint»*.

86. Die Konstitution *Lumen gentium* schreibt in einer Grundsatzaussage, die das Dekret *Unitatis redintegratio* aufgreift, daß die einzige Kirche Christi in der katholischen Kirche fortbesteht." Das Dekret über den Ökumenismus unterstreicht die Gegenwart der Fülle *(plenitudo)* der Heilsmittel in ihr." Die volle Einheit wird dann Wirklichkeit werden, wenn alle an der Fülle der Heilsmittel teilhaben werden, die Christus seiner Kirche anvertraut hat.

94. ... Der Auftrag des Bischofs von Rom in der Gruppe aller Bischöfe besteht eben darin, wie ein Wächter zu «wachen» *(episkopein), so* daß dank der Hirten in allen Teilkirchen die wirkliche Stimme des Hirten Christus zu hören ist. Auf diese Weise verwirklicht sich in jeder der ihnen anvertrauten Teilkirchen die *una, sancta, catholica et apostolica Eeclesia.* Alle Kirchen befinden sich in voller und sichtbarer Gemeinschaft, weil alle Hirten in Gemeinschaft mit Petrus und so in der Einheit Christi sind.

95. ... Ich bin überzeugt, diesbezüglich eine besondere Verantwortung zu haben, vor allem wenn ich die ökumenische Sehnsucht der meisten christlichen Gemeinschaften feststelle und die an mich gerichtete Bitte vernehme, eine Form der

Primatsausübung zu finden, die zwar keineswegs auf das Wesentliche ihrer Sendung verzichtet, sich aber einer neuen Situation öffnet.
97. Die katholische Kirche hält sowohl in ihrer Praxis wie in den offiziellen Texten daran fest, daß die Gemeinschaft der Teilkirchen mit der Kirche von Rom und die Gemeinschaft ihrer Bischöfe mit dem Bischof von Rom ein grundlegendes Erfordernis - im Plan Gottes - für die volle und sichtbare Gemeinschaft ist. In der Tat muß die volle Gemeinschaft, deren höchste sakramentale Bekundung die Eucharistie ist, ihren sichtbaren Ausdruck in einem Amt finden, in dem alle Bischöfe sich vereint in Christus anerkennen und alle Gläubigen die Stärkung ihres Glaubens finden. ...
Ist es nicht vielleicht ein Dienstamt dieser Art, über dessen Notwendigkeit sich heute viele von denen äußern, die sich im Ökumenismus engagieren? Den Vorsitz in der Wahrheit und in der Liebe führen, damit das Boot - das schöne Symbol, das der Ökumenische Rat der Kirchen zu seinem Emblem gewählt hat - nicht von den Stürmen zum Kentern gebracht wird und eines Tages sein Ufer erreichen kann.
Nachwort S. 72 (von Prof. Remigius Bäumer):
Papst Pius XI. veröffentlichte 1928 die Enzyklika «Mortalium animos» über die wahre religiöse Einheit und betonte: «Die Einheit, wie Christus sie will, kann nicht *mit*, sondern nur *in* der katholischen Kirche wiederhergestellt werden».

Erklärung Dominus Iesus über die Einzigkeit und über die Heilsuniversalität Jesu Christi, 2000

16. ... Wie es nur einen einzigen Christus gibt, so gibt es nur einen einzigen Leib Christi, eine einzige Braut Christi: »die eine alleinige katholische und apostolische Kirche«.` Die Verheißungen des Herrn, seine Kirche nie zu verlassen (vgl. *Mt 16,18; 28,20)* und sie mit seinem Geist zu führen (vgl.

Joh 16,13), beinhalten darüber hinaus nach katholischem Glauben, dass die Einzigkeit und die Einheit der Kirche sowie alles, was zu ihrer Integrität gehört, niemals zerstört werden.

Die Gläubigen sind *angehalten zu bekennen,* dass es eine geschichtliche, in der apostolischen Sukzession verwurzelte Kontinuität zwischen der von Christus gestifteten und der katholischen Kirche gibt. „Dies' ist die einzige Kirche Christi ... Sie zu weiden, hat uns der Erlöser nach seiner Auferstehung dem Petrus übertragen (vgl. *Joh 21,17),* ihm und den übrigen Aposteln hat er ihre Ausbreitung und Leitung anvertraut (vgl. *Mt 28,18ff.),* für immer hat er sie als "die Säule und das Fundament der Wahrheit" (1 Tim *3,15)* errichtet. Diese Kirche, in dieser Welt als Gesellschaft verfasst und geordnet, ist verwirklicht *[subsistit in]* in der katholischen Kirche, die vom Nachfolger Petri und von den Bischöfen in Gemeinschaft mit ihm geleitet wird«.

Mit dem Ausdruck *»subsistit in«* wollte das Zweite Vatikanische Konzil zwei Lehrsätze miteinander in Einklang bringen: auf der einen Seite, dass die Kirche Christi trotz der Spaltungen der Christen voll nur in der katholischen Kirche weiterbesteht, und auf der anderen Seite, »dass außerhalb ihres sichtbaren Gefüges vielfältige Elemente der Heiligung und der Wahrheit zu finden sind«, nämlich in den Kirchen und kirchlichen Gemeinschaften, die nicht in voller Gemeinschaft mit der katholischen Kirche stehen. Bezüglich dieser Kirchen und kirchlichen Gemeinschaften ist festzuhalten, dass »deren Wirksamkeit sich von der der katholischen Kirche anvertrauten Fülle der Gnade und Wahrheit herleitet«.

17 Es gibt also eine einzige Kirche Christi, die in der katholischen Kirche subsistiert und vom Nachfolger Petri und von den Bischöfen in Gemeinschaft mit ihm geleitet wird.` Die Kirchen, die zwar nicht in vollkommener Gemeinschaft mit der katholischen Kirche stehen, aber durch engste Bande, wie die apostolische Sukzession und die gültige Eucharistie, mit

ihr verbunden bleiben, sind echte Teilkirchen. Deshalb ist die Kirche Christi auch in diesen Kirchen gegenwärtig und wirksam, obwohl ihnen die volle Gemeinschaft mit der katholischen Kirche fehlt, insofern sie die katholische Lehre vom Primat nicht annehmen, den der Bischof von Rom nach Gottes Willen objektiv innehat und über die ganze Kirche ausübt.
Die kirchlichen Gemeinschaften hingegen, die den gültigen Episkopat und die ursprüngliche und vollständige Wirklichkeit des eucharistischen Mysteriums nicht bewahrt haben, sind nicht Kirchen im eigentlichen Sinn; die in diesen Gemeinschaften Getauften sind aber durch die Taufe Christus eingegliedert und stehen deshalb in einer gewissen, wenn auch nicht vollkommenen Gemeinschaft mit der Kirche. Die Taufe zielt nämlich hin auf die volle Entfaltung des Lebens in Christus durch das vollständige Bekenntnis des Glaubens, die Eucharistie und die volle Gemeinschaft in der Kirche.

Liest man diese ungeheuerlichen Aussagen im Originaltext und vergleicht sie mit der Lehre der Bibel, dann kann man dem heimgegangenen gläubigen Hochschullehrer und Mitbegründer der Bekenntnisbewegung „Kein anderes Evangelium“, Professor Hellmuth Frey (1901-1982) nur Recht geben. Er führte bereits im Jahre 1974 in einem Vortrag zum Thema „Hat sich in Rom etwas grundsätzlich geändert?“ Folgendes aus:

Im Katholizismus nimmt *Jesus eine andere Stellung* ein als in der Bibel. Zwar steht er offiziell in der Mitte. Aber weil die Bedeutung seines Kreuzestodes nicht in der Tiefe erkannt, der Schluß aus der Einmaligkeit, Abgeschlossenheit und Allgenugsamkeit seines Erlösungswerkes nicht gezogen wird - wird *er selbst durch Zwischeninstanzen* in den Herzen der Menschen *aus der Mitte gedrängt,* - durch die Kirche, die als »secunda causa« (zweite Ursache) sein Werk auf Erden fortführt, den Papst, der seine Person auf Erden vertritt, Maria, die ihn im Himmel umstimmt, Heilige, die als kleine Schutzgötter geduldet werden, ihre Verdienste und die Handlungen der Priester, die uns Beistand leisten. Seine Hoheit wie seine Liebe werden verdunkelt (Phil. 2, 9-11; Matth. 11, 28; Joh. 10, 28; Matth. 28: 20). ... Das unbiblische Verständnis der Erlösung, ja Jesu, Gottes, des Glaubens und der Heiligung, drang in die Kirche ein in dem Maße, wie das Lehramt sich der Offenbarung bemächtigte und ihre Abgeschlossenheit im Wort durch die Tradition auflöste. Der Weg der geographisch zentralisierten Papst- und Gesetzeskirche ist Rückfall in den Alten Bund und, nach Aufrichtung des Neuen, Rebellion, die Christus noch einmal ans Kreuz schlägt. Der Weg der Verfügung über Gottes Werk und Einschaltung von Mittlern ist Rückfall ins Heidentum. Nachdem Christus die Versöhnung vollbracht hat und Gott in ihm offenbar geworden ist, ist das Mißachtung seines Opfers und Gottes selber. Beides - Rückfall ins Judentum wie ins Heidentum - ist *nach* Christus Eintritt ins Antichristentum.[2]

Im Gegensatz zur römisch-katholischen Entstellung des Glaubens kennzeichnet Hellmuth Frey das biblisch-evangelische Heils- und Erlösungsverständnis folgendermaßen:

Aus mühseligem Klimmen auf der Leiter zur Vollkommenheit wird im evangelischen Verständnis »Wanderschaft« der gerechtfertigten Sünder, die Jesu Gerechtigkeit die ihre nennen und das neue Lied der Erkauften singen: Aus der Kirche, die ihr Schiff dem Fluge Marias zu den himmli-

---

[2] Hellmuth Frey, Jesus allein oder Jesus und ... Zusammenschluß der Kirchen? (1974), Neuauflage Lahr 1997, S. 160 ff.

schen Höhen nachsteuert und in Ausübung der heiligen Herrschaft durch Petrus das Werk Christi auf Erden vorantreibt, wird im evangelischen Glauben die wandernde Gemeinde, die dem Lamme und sonst niemand nachfolgt, deren Lebensgesetz nicht Herrschaft, sondern Dienst ist, nicht Triumph, sondern Leiden, nicht Werk, sondern Glauben: Als Gemeinde des Gekreuzigten trägt sie Kreuz, als Gemeinde der Erkauften rühmt sie sein Blut, als Gemeinde der Versöhnten *verkündigt* sie die *Versöhnung* durch sein Opfer. Das Amt der Verkündigung ist ihr Amt. Sie hat *keine Priester* und Mittler, weil Jesus sie als ihr Hoherpriester vor Gott vertritt, alle ihre Glieder Priester sind, - *keine Opfer,* weil Jesus ein für alle Male sein Leben für sie zum Opfer gebracht hat, - *kein geographisches Zentrum,* weil Jesus, ihr Zentrum, an allen Orten in der Gemeinde gegenwärtig ist in seinem Geist, - *kein menschliches* Haupt, weil Jesus ihr Haupt ist, - nicht in Jerusalem oder Rom, sondern im Geist und Wahrheit angebetet wird. Sie ist sein Leib *in Armut und Schwachheit,* weil ihre Herrlichkeit verborgen ist in Gott, und erst wenn er kommt, mit ihm offenbar wird. In IHM hat sie ihre Einheit, im Glauben, nicht im Schauen.[3]

---

[3] Ebd.

5. Wie reagieren führende Evangelikale auf den Anspruch Roms?

Warnende Stimmen wie die eben zitierte von Prof. Hellmuth Frey sind heute selten geworden. Führende Evangelische und Evangelikale sind offenbar zunehmend bereit, „der Evangelisation oberste Priorität einzuräumen“ (diese Formulierung hört man häufig) und dabei die schwerwiegenden Irrtümer und Irrlehren zu übersehen, welche sich nach wie vor, ja im 20. und 21. Jahrhundert sogar noch *vermehrt* in der Römisch-Katholischen Kirche finden. Es sei beispielsweise nur daran erinnert, daß zur Zeit der Reformation im 16. Jahrhundert weder die „Unfehlbarkeit des Papstes“ noch die „Unbefleckte Empfängnis“ und „Himmelfahrt“ Marias zu verbindlichen Lehrsätzen (Dogmen) erklärt worden waren. Diese Dogmen kamen erst im 19. und 20. zum verbindlichen katholischen „Glaubensgut“ hinzu. Sie besitzen keinerlei Basis in der von Gott geoffenbarten Heiligen Schrift, genauso wenig wie der Ablaß, der nicht nur von Tetzel im 16. Jahrhundert, sondern auch von Benedikt XVI. beim Kölner Weltjugendtreffen 2005 verkündet worden ist!

Dennoch ist in den letzten Jahrzehnten weltweit die Tür zwischen den verschiedenen Konfessionen, so auch zwischen Evangelikalen und Rom, immer weiter geöffnet worden, z.B. durch den berühmten Evangelisten Billy Graham und die von diesem maßgeblich inspirierte internationale *Lausanner Bewegung*. Der Missionswissenschaftler Dr. Friedemann Walldorf bemerkt diesbezüglich im Blick auf die Weichenstellung beim 2. Lausanner Kongreß für Weltevangelisation in Manila/Philippinen 1989:

> ... Dabei erhebt man in Manila „nicht den anmaßenden Anspruch; dass die weltweite Gemeinde und die evangelikale Gemeinschaft identisch seien" und öffnet damit grundsätzlich die Tür zur Zusammenarbeit mit allen christlichen Denominationen, einschließlich der römisch-katholischen und orthodoxen Kirche, hält aber gleichzeitig - sozusagen als „nota ecclesiae" und Kriterium für den Begriff der „ganzen Gemeinde" - „eine gemeinsame Verpflichtung gegenüber der biblischen Botschaft" fest. „Wir sind davon überzeugt, dass der richtige Weg zu einer engeren Zusammenarbeit ... in einem freimütigen und geduldigen Dialog auf der Basis der Bibel besteht". Damit wird deutlich, dass die Identität der „ganzen Gemeinde" ihr grundsätzlicher Wille zur Verwurzelung im Text des biblischen Wortes ist.[4]

Der ökumenische Impuls, der von der Lausanner Bewegung, zugleich aber auch vom Ökumenischen Rat der Kirchen und vom Vatikan ausging, hat inzwischen die meisten evangelikalen Dach-

---

[4] F. Walldorf, Die Neu-Evangelisierung Europas. Missionstheologien im europäischen Kontext, Gießen 2002, S. 254 (das Zitat im Zitat stammt aus dem Manila-Manifest der Lausanner Bewegung 1989).

verbände (z.B. Evangelische Allianz, Gnadauer Gemeinschaftsverband, Vereinigung Evangelischer Freikirchen) erfasst, wie inzwischen in mehreren Veröffentlichungen ausführlich nachgewiesen wurde.[5] Im Unterschied zu Ökumene-Bestrebungen theologisch liberaler Kreise (z.B. des Genfer Weltkirchenrats), die meist politisch und interreligiös orientiert sind, spricht man neuerdings im evangelikalen Raum von einer „christozentrischen Bekenntnis-Ökumene". Was darunter zu verstehen ist, wird in Beiträgen insbesondere der Zeitschrift DIAKRISIS verdeutlicht. DIAKRISIS wird herausgegeben vom „Theologischen Konvent der Konferenz Bekennender Gemeinschaften in den evangelischen Kirchen Deutschlands e.V. in Verbindung mit der Internationalen Konferenz Bekennender Gemeinschaften e.V." (laut Impressum).

In DIAKRISIS Nr. 4/2004 ist der beim „Ersten Ökumenischen Bekenntniskonvent"[6] verabschie-

---

[5] Vgl. E. Brüning / H.-W. Deppe / L. Gassmann, PROJEKT EINHEIT. Rom, Vatikan und die Evangelikalen, Oerlinghausen 2004; L. Gassmann, PIETISMUS WOHIN? Neubesinnung in der Krise der Kirche, Wuppertal 2004; Brüning, DER FREMDE AGENT. Freimaurerei, Vatikan und die Evangelikalen, Wuppertal 2004.

[6] In der Zeitschrift ERNEUERUNG UND ABWEHR (E+A) wurden der „Erste Ökumenische Bekenntniskonvent" und der dort verabschiedete „Freudenstädter Aufruf" v.a. in folgenden zwei Beiträgen kritisch analysiert: L. Gassmann, „Theologischer Konvent, Europa und Bekenntnis-Ökumene", in E+A Nr. 1/2005, S. 47-54; R. Möller, „Der 'Freudenstädter Aufruf' auf dem Prüf-

dete „Freudenstädter Aufruf" zum Thema „Der christliche Glaube und die Zukunft Europas" abgedruckt. Darin wird der geistliche Niedergang Europas beklagt und die Neuevangelisierung dieses immer gottloser gewordenen Kontinents eingefordert. In diesem Zusammenhang wird betont:

Unerläßlich für uns Christen Europas ist es, *zu den Quellen unseres gemeinsamen Glaubens zurückzukehren* und ihn wirklich so zu leben, daß er von unseren Mitbürgern als Zeugnis begriffen werden kann.
Leider haben auch die kriegerisch verschärften *konfessionellen Zerwürfnisse* zum geistlichen Niedergang Europas beigetragen. Darum gilt es heute, die Mitschuld der Kirchen daran einzugestehen und sich im gemeinsamen Forschen nach der biblischen Wahrheit zu einigen. *Alle, die an Jesus Christus glauben, sollten sich, unbeschadet ihrer unterschiedlichen konfessionellen Zugehörigkeit und Prägung, zu einer Gemeinschaft des Betens und Bekennens zusammenschließen.* Eine solche *Bekenntnisökumene* zeichnet sich gegenüber sonstigen, vielfach nivellierenden ökumenischen Bestrebungen aus durch Treue zum authentischen christlichen Glauben, gerade auch, um eine gemeinsame Front zu bilden gegen antichristliche Geistesströmungen, die in alle konfessionellen Traditionen eindringen.

In DIAKRISIS Nr. 3/2005 wird in einer von führenden evangelikalen Persönlichkeiten unterzeichneten Erklärung unter dem Titel „Christozentrische Bekenntnis-Ökumene" der Versuch

---

stand", in E+A Nr. 2/2005, S. 47-54. Seihe auch den Lexikon-Artikel „Bekenntnis-Ökumene" von Reinhard Möller in: L. Gassmann (Hg.), Kleines Kirchen-Handbuch, Schacht-Audorf 2005, S. 14-16.

unternommen, die „Bekenntnis-Ökumene" noch genauer zu charakterisieren und gegen Missverständnisse abzugrenzen. So heißt es unter anderem:

Bekenntnis-Ökumene hat ihre theologische Basis im gemeinsamen Bekenntnis zur Inspiration, Einheit und Autorität der *Heiligen Schrift* in allen Fragen des Glaubens, der Lehre und der Ethik sowie zur Gültigkeit der *»ökumenischen Symbole,* d. h. des Apostolikums und des Nizänums. ... Bekenntnis-Ökumene verdankt ihr Entstehen auch der Entdeckung, daß - angesichts der totalen Infragestellung des gesamtchristlichen Glaubens durch kirchenfeindliche Ideologien sowie deren Einbrechen in die Kirchen selbst - die noch bestehenden *Lehrdifferenzen* zwischen den Konfessionen *viel geringer* sind *als der gemeinsame Glaubensschatz* (S. IV f.).

Unterzeichnet wurde diese Erklärung von Mitgliedern der Römisch-Katholischen und der Orthodoxen Kirche sowie auf evangelischer Seite unter anderem von folgenden einflussreichen Persönlichkeiten (in Klammern einige Funktionsbezeichnungen, so weit bekannt, zur näheren Charakterisierung ihrer Tätigkeit):

Bischof i.R. Dr. Oskar Sakrausky (Österreich), Prof. Dr. Peter Beyerhaus DD. (International Christian Network, Dozent an der kath. Gustav-Siewerth-Akademie, Johanniterorden), Prof. Dr. Dr. Horst W. Beck (Dozent an der kath. Gustav-Siewerth-Akademie), Pastor Burghard Affeld (Osnabrück), Pfr. Dr. Helmut Burkhardt (St. Chrischona), P. Jürgen Diestelmann (hochkirchliche Vereinigung, Braunschweig), Prof. Dr. Edith Düsing (Universität Köln, Freie Theologische Akademie Gießen, Gustav-Siewerth-

Akademie), Kirchenrat Albrecht Hauser, Bischof i.R. Heinrich Herrmanns (Schaumburg-Lippe), Rosmarie Holland (Tübingen), Pfr. Dr. Friedrich-Wilhelm Künneth (Charismatische Bewegung, München), P. Dr. Erich Lubahn (früherer Hausvater der Langensteinbacherhöhe), Dr. Karl-Heinz Michel (Jesusbruderschaft Gnadenthal), Dozent Dr. Werner Neuer (St. Chrischona, CTL), Prof. Dr. Lutz von Padberg (Freie Theologische Akademie Gießen, Johanniterorden), Pastor Ulrich Rüß (Konferenz Bekennender Gemeinschaften, Johanniterorden), Kirchenrat Dr. Rolf Sauerzapf (Theologischer Konvent, Hilfsaktion Märtyrerkirche, Preußenstiftung, Johanniterorden), P. Kai-Uwe Schröter (Leiter des Geistlichen Rüstzentrums Krelingen) (ebd., S. VIII).

Ob die Lehrdifferenzen zwischen der Römisch-Katholischen Kirche und einem bibeltreuen (!) evangelischen Glauben, welcher keine Zusätze und keine Abstriche am Wort Gottes vornimmt (Offb 22,18 f.), wirklich so gering sind, daß eine Zusammenarbeit nicht nur auf ethischem Gebiet (z.B. Schutz des Lebens), sondern darüber hinaus in Fragen der Lehre möglich ist, bleibt jedoch nach allem, was wir über die römisch-katholische Lehre herausgearbeitet haben, äußerst zweifelhaft. So stellt selbst Prof. Peter Beyerhaus, der als Initiator und Motor der „Bekenntnisökumene" gilt, fest:

Jedoch gibt es zwischen den konfessionellen Konzeptionen auch ***gravierende Unterschiede.*** *Friedemann Walldorf* hat sie in seiner verdienstvollen Dissertation „Die Neuevangelisierung Europas" (2002) herausgearbeitet. Er unterscheidet hier zwischen dem *„ekklesiozentrischen Inkulturations-*

Modell" der römisch-katholischen Kirche, dem *„kosmozentrisch-synthetischen Modell"* der protestantischökumenischen Konferenz Europäischer Kirchen und dem *„bibliozentrischen Übersetzungsmodell"* der Evangelikalen Bewegung. Inhaltlich kennzeichnet er deren spezifische Zielsetzungen durch drei Leitsätze: „Die Kirche als Seele Europas wieder finden" - „Gott in Europa entdecken" – „Jesus Christus als Hoffnung Europas bezeugen".

Der sich hier abzeichnende Unterschied besonders zwischen der von Johannes Paul II. entworfenen und der evangelikalen Schau der Evangelisationsaufgabe fällt ins Auge: Der heutige *Papst* ist unbeirrbar geleitet von seiner Vision eines in neuer Gestalt wiederhergestellten christlichen Abendlandes, das unter den Fittichen der römisch-katholischen Kirche innerlich vereint sein wird. Es geht ihm dabei auch ganz wesentlich um Durchdringung der Kultur und der Institutionen mit dem Geist des Evangeliums, und er erhofft sich davon die Aufrichtung einer *„Zivilisation der Liebe"* im mit hoher Erwartung angegangenen *Dritten Millennium.* Es sei dahingestellt, inwieweit alle Kurienkardinäle seine chiliastische Vision teilen. Manche mögen wie ich hier den eschatologischen Vorbehalt vermissen.

Auf *evangelikaler* Seite steht dieser korporativen Schau entsprechend der pietistischen Tradition eine eher personale, um nicht zu sagen individualistische Sicht der Evangelisationsaufgabe gegenüber. ... Bei den „Ultraevangelikalen" ... brandmarkt man schon eine Beteiligung auch nur einzelner Katholiken an Großevangelisationen wie ProChrist als Glaubensverrat.[7]

Nachdem Beyerhaus diese Unterschiede zutreffend skizziert hat, meint er allerdings:

---

[7] P. Beyerhaus, Die Neuevangelisierung Europas als ökumenische Aufgabe, DIAKRISIS Nr. 1/2005, S. 22 f..

Doch bei fairer Analyse des päpstlichen Programms und auch der Praxis der Evangelikalen wird man differenzierend auch wesentliche Gemeinsamkeiten konstatieren können. So hat Johannes Paul II. wiederholt darauf hingewiesen, daß er Neuevangelisation als eine konzentrische Aufgabe sieht. Sie hat einen dem *Einzelnen* geltenden soteriologischen Mittelpunkt, bemüht sich sodann um innere Erweckung der *Kirche* und wendet sich schließlich im dritten Umkreis der geistigen Erneuerung unserer korrumpierten westlichen *Kultur zu.* Zumindest im Blick auf die zentrale Aufgabe der christologischen Heilsverkündigung gibt es eine wesentliche evangelisch-katholische und sicher auch orthodoxe Gemeinsamkeit. ...[8]

Wir haben jedoch aufgezeigt, daß diese „christologische Heilsverkündigung" untrennbar mit dem römisch-katholischen Verständnis der Kirche als „mystischer Leib Christi", zugespitzt in der Eucharistie, verbunden ist. Somit ist „Christus" nicht gleich „Christus", sondern es verbergen sich sehr unterschiedliche christologische und soteriologische Verständnisse hinter den gleichlautenden Begriffen! Friedemann Walldorf konstatiert in seiner Dissertation zu Recht:

„Das Grunddatum für Christologie und Soteriologie in der römisch-katholischen Kirche bleibt die Ekklesiologie" (Walldorf, S. 312, Fußnote).

Zu deutsch: **Was in der Römisch-Katholischen Kirche über Christus und die Erlösung gelehrt wird, hängt untrennbar mit dem katholischen**

---

[8] Ebd., S. 23.

Verständnis von „Kirche“ zusammen. Beides läßt sich nicht trennen. Dadurch aber wird das Christusverständnis umgeformt und letztlich verfälscht und damit eine gemeinsame Neu-Evangelisierung mit der Römisch-Katholischen Kirche erschwert, wenn nicht gar unmöglich gemacht. So resümiert auch Walldorf in vorsichtigen Worten:

Im „toten Winkel" der katholisch-kirchlichen Sichtweise liegt die Frage, ob nicht gerade das jahrhundertealte *sakramentalistische Verständnis* der Evangelisierung und *Bekehrung durch die Taufe* eine gewisse Mitschuld an der zunehmenden Entfremdung der Europäer vom christlichen Glauben hat. Kommt es nicht gerade angesichts eines säkularisierten Kulturchristentums (das die kirchlichen Riten in sein System integriert und damit „entschärft" hat) durch das Verständnis der Taufe *als* Bekehrung letztlich zu einer Taufe *ohne* Bekehrung?
Das Konzept der Neuevangelisierung ändert leider nichts an diesem sakramentalistischen (Miß-)Verständnis der Heilsvermittlung: ... Eine weitere Problematik der kirchlichen Ausrichtung des katholischen Ansatzes der Neuevangelisierung sehe ich darin, dass Institution und Tradition der *römisch-katholischen* Kirche zum alles bestimmenden Faktor werden: „die Verkündigung Christi, die von der Mutterkirche getrennt ist oder, schlimmer, zu ihr im Gegensatz steht, könnte nicht die Verkündigung des menschgewordenen Wortes sein, das :.. ständig von der Kirche im Herzen der Gläubigen zum Leben erweckt wird" (Johannes Paul II, 1991...).
Eine biblische und geistliche Erneuerung der Evangelisation wird eingeschränkt, wenn der Gehorsam zu Christus an den „;Gehorsam zum Lehramt" gebunden wird, das „die Wahrheit über Christus, die Kirche und den Menschen ...

authentisch interpretiert" und wenn „kindliche Anhänglichkeit zum Papst, dem bleibenden und ´sichtbaren Prinzip` der Einheit der Universalkirche" (CL 30) das maßgebende Merkmal wahrer Gemeinde sein soll: Das Evangelium wird hier zu stark mit der römisch-katholischen Kirche gleichgesetzt und dadurch einer erneuernden Kraft der Kirche selbst gegenüber beraubt[9].

---

[9] Walldorf, Neu-Evangelisierung, S. 312. Es ist erstaunlich, daß Walldorf trotz dieser klaren Erkenntnisse eine Zusammenarbeit mit Rom – etwa im Rahmen von ProChrist – für möglich hält und befürwortet. Er meint: „Zusammenarbeit gehört hier in den Bereich der missionarischen Methodik, nicht in den Bereich der theologisch-ekklesiologischen Basis der Evangelisation“ (F. Walldorf, Umstrittene Evangelisation: Eine Analyse der gegenwärtigen Diskussion, in: H. Klement (Hg.), Evangelisation im Gegenwind. Zur Theologie und Praxis der Glaubensverkündigung in der säkularen Gesellschaft, Gießen/Basel 2002, S. 147).

6. Europa – ein christliches oder antichristliches Reich?

Die Römisch-Katholische Kirche vertritt im Innersten den europäischen Reichsgedanken, das heißt: die Identifikation von Christentum (als abendländisch kulturell-religiöser Größe) und europäischer Identität, die Wiederbelebung des „Heiligen Römischen Reiches" auf europäischem Boden. Im Rahmen dieser Zielsetzung arbeitet sie auch mit der Paneuropa-Union zusammen, die maßgeblich geprägt wurde durch ihren langjährigen internationalen Präsidenten, den Sohn des letzten österreichischen Kaisers, Dr. Otto von Habsburg. Otto von Habsburg war nicht nur jahrzehntelang Mitglied des Europäischen Parlaments, sondern von 1930 bis 2000 auch „Chef und Souverän des Ordens vom Goldenen Vlies". Der Orden vom Goldenen Vlies ist „der Jungfrau Maria gewidmet". Sein Ziel ist „die Erhaltung des katholischen Glaubens, der Schutz der Kirche und die Wahrung der unbefleckten Ehre des Rittertums"[10].

Wie Otto von Habsburg, so vertreten auch die letzten Päpste – namentlich der politisch die europäische Einigung sehr prägende Johannes Paul II. – geradezu eine „Europamystik". Walldorf

---

[10] www.uni-protokolle.de/Lexikon/Orden_vom_Goldenen_Vlies.htlm

weist in seiner Untersuchung über „Die Neu-Evangelisierung Europas“ anhand mehrerer aufschlussreicher Zitate darauf hin:

Johannes Paul II: geht in seiner theologischen Verknüpfung von Christentum und europäischer Identität jedoch noch einen Schritt weiter: Die Krise des modernen Europa sei die Krise der Kirche und des Christentums. Kirche und Europa seien so miteinander verwoben, dass „die Versuchungen, Treulosigkeiten und die Risiken" Europas eben auch die der Kirche seien und umgekehrt. Es seien die Krisen in der Beziehung des Volkes Gottes zu seinem Gott, des „Menschen in seiner wesenhaften Beziehung zu Gott in Christus", „des Menschen und des Volkes unter dem Zeichen des Bundes mit Gott".
Hier wird deutlich, dass der Papst Europa als im „Innenraum der Kathedrale" befindlich ansieht. Hier entsteht aus der Verbindung der geschichtlich-kulturellen Prägung Europas mit dem Sakrament der Taufe eine sakramental-kulturelle Begründung für die Katholizität Europas. Man könnte hier von einer sakramentalen *Europamystik* des Papstes sprechen, bei der Europa quasi personifiziert als getauft und damit zur Kirche gehörig angesehen wird. Dabei steht vor allem das Konzept der sogenannten Nationaltaufen im Hintergrund. Collet stellt fest: „Die starke Verbindung, welche Johannes Paul II. zwischen Religion, Kultur und Nation - es ist in diesem Zusammenhang öfter von der Taufe die Rede, mit der die Nationwerdung beginnt - immer wieder herstellt, gehört mit zu seinem Europabild". In diesem Sinne sind auch die Worte Johannes Pauls II. in Santiago de Compostela zu verstehen, die der Papst an das personifizierte Europa richtet:
„Ich, Johannes Paul, Sohn der polnischen Nation, ...ich, Nachfolger Petri auf dem Stuhl von Rom, einem Stuhl, den Christus in Europa errichten wollte, ... rufe dir, altes Europa, ... voller Liebe zu: Finde wieder zu dir selbst! Sei wie-

der du selbst! Besinne dich auf deinen Ursprung! Belebe deine Wurzeln wieder! Beginne wieder deine echten Werte zu leben, die deine Geschichte ruhmreich gemacht haben, und mach deine Gegenwart in anderen Kontinenten segensreich. ...“[11]

Auch in neueren Erklärungen des Vatikan findet sich die positive, ja geradezu mystisch-religiöse Sicht der Einheit von Christentum und Europa. Als Belege hierfür folgen nun einige Zitate aus dem Nachsynodalen Apostolischen Schreiben „Ecclesia in Europa“ aus dem Jahre 2003:

12. Blicken wir auf Europa als bürgerliches Gemeinwesen, so fehlt es nicht an *Zeichen, die Anlaß geben zur Hoffnung:* In ihnen können wir, wenngleich in den Widersprüchlichkeiten der Geschichte, mit dem Blick des Glaubens die Gegenwart des Geistes Gottes erfassen, der das Gesicht der Erde erneuert. Die Synodenväter haben zum Abschluß ihrer Arbeiten diese Zeichen so beschrieben: »Mit Freude stellen wir die zunehmende *Öffnung* der Völker aufeinander hin fest, die *Versöhnung* zwischen Nationen, die lange Zeit verfeindet waren, die fortschreitende *Ausdehnung des Einigungsprozesses* auf die Länder Osteuropas. Es wachsen Anerkennung, *Zusammenarbeit und Austausch* aller Art, so daß nach und nach eine europäische Kultur, ja ein *europäisches Bewußtsein* entsteht, das hoffentlich, besonders bei den Jugendlichen, das Gefühl der Brüderlichkeit und den Willen zum Teilen wachsen läßt. Als positiv vermerken wir, daß dieser ganze Prozeß sich nach *demokratischen* Spielregeln auf friedliche Weise und in einem Geist der *Freiheit* vollzieht, der die berechtigte Vielfalt achtet und zur Geltung bringt und so den Prozeß der *Einigung Europas*

---

[11] Walldorf, Neu-Evangelisierung, S. 53.

vorantreibt und unterstützt. Wir begrüßen mit Genugtuung alles, was getan wurde, um die Bedingungen und Modalitäten zur Achtung der *Menschenrechte* präzise darzulegen. Im Zusammenhang mit der legitimen wirtschaftlichen und politischen Einheit Europas erkennen wir schließlich einerseits die Zeichen der Hoffnung, die aus der Bedeutung erwachsen, die dem *Recht* und der *Lebensqualität* zuerkannt wird; auf der anderen Seite aber wünschen wir uns lebhaft, daß in einer schöpferischen Treue zur humanistischen und christlichen Tradition unseres Kontinents der Vorrang der *ethischen und geistlichen Werte* garantiert werde« .

102. ... Ein friedliches Zusammenleben und ein Austausch der jeweiligen inneren Reichtümer wird den Aufbau eines Europa möglich machen, das gemeinsame Haus zu sein versteht, in das jeder aufgenommen werden kann, in dem keiner diskriminiert wird und alle als Mitglieder einer einzigen großen Familie behandelt werden und verantwortungsvoll leben.

Sodann betont der Vatikan die Bedeutung seines „einzigartigen Beitrags“, den er als Weltkirche für die europäische und weltweite Einigung liefern kann:

116. ... Die katholische Kirche kann als die eine und allgemeine - wenngleich in der Vielfalt ihrer Teilkirchen gegenwärtige - Kirche einen einzigartigen Beitrag zum Aufbau eines der Welt gegenüber offenen Europa leisten. Von der Katholischen Kirche stammt nämlich ein Modell wesenhafter Einheit in der Verschiedenheit der kulturellen Ausdrucksformen, das Bewußtsein der Zugehörigkeit zu einer weltweiten Gemeinschaft, die in den Ortsgemeinden wurzelt, ohne sich jedoch in ihnen zu erschöpfen, also der Sinn für das Einende, das über das Unterscheidende hinausgeht.

Im Umkehrschluß wird sodann gefolgert, daß die europäische Einheit als zwingende Konsequenz (!) auch die Einheit der Christen zur Folge haben müsse:

118. Europa, das dabei ist, sich als „Union" aufzubauen, drängt auch *die Christen zur Einheit,* damit sie wahre Zeugen der Hoffnung seien.
119. Die Stärkung der Union im Schoße des europäischen Kontinents spornt die Christen dazu an, beim Integrations- und Versöhnungsprozeß durch einen theologischen, spirituellen, ethischen und sozialen Dialog mitzuwirken. In der Tat, »können wir es etwa zulassen, daß in dem Europa, das sich auf dem Weg zur politischen Einheit befindet, gerade die Kirche Christi ein Faktor der Entzweiung und Uneinigkeit ist? Wäre das nicht einer der größten Skandale unserer Zeit?« .

Im abschließenden Teil von „Ecclesia in Europa“ spricht Papst Johannes Paul II. zu Europa geradezu wie zu einer Person oder Gottheit. Die Formulierungen nehmen beschwörenden „Gebets“-Charakter an:

120. ... Indem ich diesen Aufruf zur Hoffnung aufgreife, wiederhole ich noch einmal an dich, *Europa,* das du am Beginn des dritten Jahrtausends stehst: *»Kehre du selbst um! Sei du selbst! Entdecke wieder deine Ursprünge. Belebe deine Wurzeln!«*
121. Fürchte dich nicht! Das Evangelium ist nicht gegen dich, sondern es ist auf deiner Seite. Dies bestätigt die Feststellung, daß die christliche Offenbarung den politischen, kulturellen und wirtschaftlichen Zusammenschluß in eine Form des Zusammenlebens verwandeln kann, in der sich alle Europäer zu Hause fühlen und eine Familie von Natio-

nen bilden, von der sich andere Regionen der Welt fruchtbar inspirieren lassen können...
Sei gewiß: Das Evangelium der Hoffnung bereitet keine Enttäuschung! In den Wechselfällen deiner Geschichte von gestern und heute ist es das Licht, das leuchtet und dir den Weg weist; es ist die Kraft, die dich in Prüfungen aufrechterhält; es ist die Prophezeiung einer neuen Welt; es ist der Hinweis auf einen Neuanfang; es ist die Einladung an alle - Glaubende und Nichtglaubende -, neue Wege einzuschlagen, die in das »Europa des Geistes« einmünden, um aus ihm ein wirkliches »gemeinsames Haus« zu machen, in dem Lebensfreude herrscht.

Das Apostolische Schreiben „Ecclesia in Europa“ endet in typisch römisch-katholischer Manier mit der „vertrauensvollen Übergabe“ des Kontinents an Maria und der Anrufung der „Mutter Gottes“:

124. Die ganze Kirche *blickt ... auf Maria.* Dank der vielen, über alle Nationen verstreuten Marienwallfahrtsstätten ist die Verehrung Marias unter den europäischen Völkern sehr lebendig und verbreitet.
Kirche in Europa, richte deshalb *deinen betrachtenden Blick weiterhin auf Maria* und erkenne, daß sie »mütterlich und teilnahmsvoll anwesend [ist] bei den vielfältigen und schwierigen Problemen, die *heute* das Leben der einzelnen, der Familien und der Völker begleiten« , und daß sie die »Helferin des christlichen Volkes in dem unaufhörlichen Kampf zwischen Gut und Böse [ist], damit es nicht „falle" oder, wenn gefallen, wieder „aufstehe"« .

Bitte an Maria, Mutter der Hoffnung
125. ... *An sie,* die Mutter der Hoffnung und des Trostes, *richten wir voll Zuversicht unsere Bitte:* Vertrauen wir ihr die Zukunft der Kirche in Europa und die Zukunft aller Frauen und Männer dieses Kontinentes an:

Maria, Mutter der Hoffnung, *gehe mit uns!*
Lehre uns, den lebendigen Gott zu verkünden;
hilf uns, Jesus, den einzigen Retter, zu bezeugen;
mach uns hilfsbereit gegenüber dem Nächsten, gastfreundlich gegenüber den Bedürftigen,
laß uns Gerechtigkeit üben,
mach uns zu leidenschaftlichen Baumeistern einer gerechteren Welt;
lege Fürbitte für uns ein, die wir in der Geschichte leben und handeln,
in der Gewißheit, daß sich der Plan des Vaters erfüllen wird.
Morgenröte einer neuen Welt, erweise dich als Mutter der Hoffnung und *wache über uns!*
Wache über die Kirche in Europa:
in ihr scheine das Evangelium durch;
sie sei ein wirklicher Ort der Gemeinschaft;
sie lebe ihre Sendung,
das Evangelium der Hoffnung zu verkündigen, zu feiern und ihm zu dienen für den Frieden und zur Freude aller.
Königin des Friedens,
beschütze die Menschheit des Dritten Jahrtausends.
Wache über alle Christen:
Sie mögen zuversichtlich auf dem Weg der Einheit voranschreiten,
als Sauerteig für die Eintracht des Kontinents.
Wache über die jungen Menschen,
die Hoffnung für die Zukunft:
Sie mögen hochherzig auf den Ruf Jesu antworten.
Wache über die Verantwortlichen der Nationen:
Sie mögen sich zum Aufbau eines gemeinsamen Hauses verpflichten,
in dem die Würde und die Rechte eines jeden Menschen geachtet werden.

Wie sind solche Äußerungen und „Gebete" zu werten? Gibt es einen engen Zusammenhang zwischen Römisch-Katholischer Kirche, Maria und Europa?

Nun, wir erinnern uns: Am 29. Oktober 2004 wurde die Verfassung der Europäischen Union von Staats- und Regierungschefs aus 25 Ländern auf dem *Kapitol in Rom* unterzeichnet. Radio Vatikan kommentierte:

„Den Text der Verfassung, der völlig ohne die Worte 'Gott' oder 'Christentum' auskommt, unterzeichnen alle – Ironie der Geschichte – unter einer großen, historischen Papststatue."[12]

War dies wirklich nur eine Ironie der Geschichte? Warum hat man denn gerade diesen symbolträchtigen Ort gewählt? Hat der Vatikan vielleicht doch mehr mit der Vereinigung Europas zu tun, als viele denken?

Auch die *Europafahne* gibt einen Hinweis auf den Einfluß der Römisch-Katholischen Kirche auf das vereinte Europa. Sie besteht aus einem Kreis aus zwölf goldenen fünfzackigen Sternen auf blauem Grund. In der Internet-Enzyklopädie Wikipedia wird festgestellt:

„Entwicklungsgeschichtlich geht die Europaflagge auf die Flagge der Paneuropäischen Bewegung zurück. Bei dieser

---

[12] Newsletter von Radio Vatikan, 29.10.2004, S. 1.

entstammen die zwölf Sterne (plus Sonnenscheibe und Kreuz) der Bibel: 'Und es erschien ein großes Zeichen am Himmel: Eine Frau, mit der Sonne bekleidet, und der Mond unter ihren Füßen und auf ihrem Haupt eine Krone von zwölf Sternen (Offenbarung 12,1).“[13]

Ohne wirklichen Anhaltspunkt im Bibeltext, wird diese Erscheinung von der Römisch-Katholischen Kirche immer wieder auf *Maria*, die „Mutter Gottes“, gedeutet. Dabei wird etwa übersehen, dass im Zusammenhang (V. 2) von „Geburtswehen“ die Rede ist, die Maria, wenn sie – was die Katholische Kirche lehrt - wirklich „sündlos empfangen worden“ wäre, nicht haben dürfte.[14] Es kann sich also – auch vom biblischen Kontext her - kaum um Maria handeln, sondern eher um ein Symbol für Israel oder die Gemeinde.

Dennoch hat diese Erscheinung bzw. ihre katholische Auslegung die Gestaltung der Europafahne stark beeinflusst. Nach katholischer Vorstellung ist *Maria die Herrin Europas*. Wir erinnern uns, dass auch Otto von Habsburg, ein überzeugter Katholik, jahrzehntelang sowohl der Paneuropa-Union als auch dem „Orden vom Goldenen Vlies“ vorstand, der Maria geweiht ist (s.o.).

Papst Pius XII. hatte bereits am 24.12.1941 den Appell ausgegeben, „ein neues Europa und eine

[13] http://de.wikipedia.org/wiki/Europaflagge

[14] Vgl. hierzu die gründliche Beweisführung von H.-W. Deppe, Marias Botschaft an die Welt, Bielefeld 1999, S. 15 ff.

neue Welt aufzubauen". Immer wieder haben „Marienerscheinungen" – in Wirklichkeit „spiritistische Phantome" (E. M. Slade) – über ihre Medien dazu aufgerufen, Europa und die Welt zu vereinigen und diese „dem Herzen Marias zu weihen".[15] Diese Vereinigung geht heute mit Riesenschritten voran. Die Frage stellt sich: Nähern wir uns der Weltherrschaft des Antichristen in Verbindung mit der Hure Babylon?

Denn zur Person des Antichristen gehört *Babylon*, das mit 1. Mose 11 (Turmbau zu Babel) zusammenhängt. Babylon ist das System, das mit dem Antichristen kooperiert. Die Hure Babylon ist die vom lebendigen Gott abgefallene, religiöse Welt, die dem Antichristen huldigt. Die Stadt Babylon ist die wirtschaftliche und soziale Welt, in welcher der Handel und der Verkehr gemäß Offenbarung 18 stattfinden. Der Name "Babylon" könnte damit zusammenhängen, daß das Ereignis von Babel (Sprachenverwirrung) wieder aufgehoben wird, indem man die Einheit der Welt auf allen Gebieten erstrebt: durch das politische Welteinheitsreich, durch das wirtschaftliche Einheitssystem und durch die Einheitsreligion, die eben die antichristliche Anbetungsreligion sein wird.

---

[15] Vgl. die ausführliche Darstellung und Interpretation der „Marienerscheinungen" bei: E. M. Slade, MARIA. Die unbekannten Seiten der „Mutter Gottes", Wuppertal 2003.

Nun stellt sich mit Macht die Frage: Bestehen Zusammenhänge zwischen der *Hure Babylon* und *Rom*?

Die *"sieben Hügel"* in Offb 17,9 deuten durchaus auf Rom hin. Gerade in der damaligen Zeit, in der die Johannesoffenbarung entstanden ist, hat jeder sicherlich sofort an Rom gedacht, wenn er von den sieben Hügeln hörte. Es waren ja zum Großteil sehr problematische Kaiser, die im 1. Jahrhundert nach Christus herrschten, so daß die Anspielung auf Rom nicht verwunderlich war.

Ferner finden sich verschiedene Kennzeichen, welche auf die *Römisch-Katholische Kirche* zutreffen, in deren Lokalisierung und Struktur sich auf eine gewisse Weise das römische Reich fortsetzt. "Katholisch" bedeutet wörtlich "allumfassend". Schon durch diese Selbstbezeichnung wird in der Deutung Roms der Anspruch auf Weltherrschaft oder zumindest globale Einflußnahme offen ausgesprochen. Es besteht wirklich ein universaler Anspruch des Papsttums, vor allem die Jurisdiktionsgewalt über alle katholischen Herrscher und im Grunde auch über die anderen Regenten. Der Papst hat als "Vertreter Christi und Petri" die oberste Gewalt der Rechtsprechung auf Erden.

Die römische Kirche benutzt auch heute noch Latein als Sprache. Ihre Würdenträger sind mit wertvollen Stoffen, Scharlach und Purpur, bekleidet, was auch in Offenbarung 17 und 18 eine gewisse Rolle spielt. Die römisch-katholische Kirche ist sehr reich. Der Papst trug bis zum Zweiten Vatikanischen Konzil öffentlich drei aufeinandergesetzte Kronen, die "Tiara". Rom besitzt ungeheure Kunstschätze und Reichtümer. Es ist "trunken vom Blut der Heiligen" (Offb 17,6), es hat - etwa anfangs als römische Staatsmacht und später durch die Inquisition der römisch-katholischen Kirche - viele Gläubige verfolgt und getötet. Heute ist Rom - neben dem Ökumenischen Rat der Kirchen in Genf - Vorreiter einer "interreligiösen Ökumene" mit dem Ergebnis einer antichristlichen Vermischung der Religionen und dem Entstehen einer Welteinheitsreligion. Das hat sich etwa bei den sogenannten "Friedensgebetstreffen" der Religionen in Assisi/Italien und an anderen Orten auf Initiative des Papstes auf schockierende Weise gezeigt.

Dennoch ist die Identifikation der Hure Babylon (Offb 17 f.) mit der römisch-katholischen Kirche meines Erachtens zu eng. Ich stimme René Pache zu, der schreibt:

"Die Hure stellt nicht lediglich eine bestimmte Gruppe von Abgefallenen dar, sondern alle falsche Religion auf Erden. Es hat viele falsche Christen bei den Katholiken gegeben, aber ebenso bei den Protestanten, den Orthodoxen und anderswo. Geistlichen Ehebruch begehen alle, die ihr Herz zwischen Gott und der Welt teilen, die bei einem strengen

Dogma die Bekehrung ablehnen, die vom Glauben an die Bibel abweichen, indem sie die Gottheit Jesu Christi und die Sühnekraft seines Blutes leugnen, alle, welche Andersgläubige verfolgen ... Die große Hure ist die abgefallene Kirche, die Jesu Eigentum zu sein gelobte und nun mit der Welt Ehebruch treibt."[16]

Das tut eben nicht nur Rom, sondern das geht leider quer durch die Konfessionen hindurch. Dabei schließe ich nicht aus, dass Rom durch seine Macht und seinen Einfluß hierbei eine Schlüsselrolle übernimmt und viele auch aus anderen Konfessionen verführt (s.u.).

Was sagt die Heilige Schrift über den *Unterschied zwischen Hure Babylon und Brautgemeinde Christi*?

- Die Gemeinde ist die Braut. Die Hure ist die von Gott abgefallene Kirche, die nichts mehr mit seiner Wahrheit zu tun hat.
- Die Gemeinde ist Christus untertan. Die Hure aber sitzt auf dem Tier (Offenbarung 17,3).
- Die Gemeinde ist das neue Jerusalem, die Hure das große Babylon.
- Die Gemeinde ist ein Organismus, durch Gottes Geist geprägt und belebt, während Babylon eine Weltorganisation ist, die aufgebaut wird durch Druck, Zwang und falsche Religiosität.

---

[16] R. Pache, Die Wiederkunft Jesu Christi, Wuppertal, 11. Aufl. 1987, S. 176 f. 168.

- Während die Gemeinde arm ist, schmückt sich die Hure mit kostbarsten Gewändern.
- Die Gemeinde geht durch irdische Niedrigkeit, Verachtung und Verfolgung hindurch zur himmlischen Herrlichkeit (Mt 10,9 f.; 24,9-13; 2. Tim 3,12). Die Hure ist auf Geld und Macht aus (Offb 17,4.18; 18,7.9-19); sie ist äußerlich prachtvoll, aber innerlich tot (vergleiche Offb 3,1).
- Die Gemeinde paßt sich dem Zeitgeist nicht an, sondern ist Salz und Licht der Welt (Mt 5,13 ff.; Röm 12, 1; 1. Joh 2,15-17). Die Hure stellt sich der Welt gleich und vertauscht Gottes Geist mit dem Zeitgeist (Offb 17,2; 18,3).
- Die Gemeinde hält Jesus Christus als dem einzigen Herrn und Erlöser die Treue und lehnt jede Religionsvermischung ab (Joh 14,6; Apg 4,12). Die Hure betreibt "Hurerei", das heißt: sie setzt heidnische Götzen mit dem Gott der Bibel gleich und vermischt die Religionen und Ideologien (Offb 17,2.5.15; vergleiche Hos 1,2; 3,1).
- Die Gemeinde setzt sich zusammen aus Gläubigen in allen Denominationen, die nur Gott wirklich kennt (1. Sam 16,7; Joh 17,20-26). Die Hure bringt die wahrhaft Gläubigen zunehmend in Bedrängnis (Offb 17,6).
- Die Gemeinde fällt nicht auf falsche Zeichen und Wunder herein, sondern orientiert

sich allein am Wort der Heiligen Schrift (Jer 23,28; 2. Tim 3,14-17). Die Hure lenkt durch falsche Zeichen und Wunder von den rettenden Wunden Jesu ab (vergleiche Mt 24,24; 2. Thess 2,9; Offb 13,13).

- Die Gemeinde wartet auf Jesu Wiederkunft (Mt 24 f.; 2.Petr 3,11 ff.); sie bereitet Christus den Weg, indem sie viele in seine Nachfolge ruft (Mt 24,14). Die Hure bereitet dem Antichristen den Weg, der sie zunächst für sein religiöses Gaukelwerk mißbraucht, um sie anschließend fallen zu lassen (Offb 17,3.16).

Die Religion Babylons vermischt also sämtliche Ideologien und Religionen miteinander und möchte sie unter Umgehung der Wahrheit Gottes zum antichristlichen Einheitssystem verbinden: Die falsche Einheit nach Offb 17 und 18 ist am Entstehen.

Die *wahre Einheit* hingegen ist die Einheit nach Johannes 17: die Einheit aller derjenigen - und *nur* derjenigen! -, die an Jesus Christus als den lebendigen Sohn Gottes glauben, ihn lieben und ihm durch alle antichristlichen Wirren hindurch die Treue halten. Jesus Christus selber beschreibt diese wahre Einheit mit folgenden Worten in seinem Gebet zum Vater:

"Ich bitte aber nicht allein für sie (meine Jünger), sondern auch für die, die durch ihr Wort an mich glauben werden, damit sie alle eins seien. Wie du, Vater, in mir bist und ich in dir, so sollen auch sie in uns sein, damit die Welt glaube, daß du mich gesandt hast" (Joh 17,20 f.)

Heute geht die *falsche Einheit* mit Riesenschritten voran. Es gibt eine "Globalisierung" in der Politik und Wirtschaft, aber leider genauso in christlichen Kirchen und Gemeinden (auch in evangelikalen Verbänden und Kreisen). Alle Religionen und Konfessionen sollen zusammenrücken um des äußeren und inneren Friedens willen. Einheit und Friede werden über Eindeutigkeit und Wahrheit gestellt. Der Maßstab ist nicht mehr "allein Christus", "allein der Glaube" und "allein die Heilige Schrift", sondern eine falsch verstandene Liebe (ohne Wahrheit), eine Selbstverwirklichungs-Ideologie und ein "Evangelium" zum Wohlfühlen. Hier sollten wir äußerst wachsam sein.[17]

---

[17] Siehe ausführlicher zu diesen Fragen folgende Bücher des Verfassers: EUROPA – das wiedererstehende Römische Reich?, Lage 2005; Globalisierung und Antichrist, Wuppertal, 2. Aufl. 2002; Was kommen wird. Eschatologie im 3. Jahrtausend, Wuppertal 2002; Kleines Ökumene-Handbuch, Schacht-Audorf 2005.

Literatur zur Vertiefung

Autor (oder Mitautor) dieser Bücher ist Dr. Lothar Gassmann.

Achtung Endzeit! Ein biblischer Weckruf, 48 Seiten
Christsein in antichristlicher Zeit, 51 Seiten
Der Traum von der einen Welt, 96 Seiten
Europa – das wiedererstehende Römische Reich? 62 Seiten
Evangelische Kirche – wohin? 166 Seiten
Gerechtigkeit, Frieden u. Bewahrung der Schöpfung, 33 Seiten
Fühlen statt denken. Gehirnwäsche durch Gruppendynamik, 142 S.
Globalisierung und Antichrist, 60 Seiten
Jesus Christus allein. Stärkung in der Endzeit, 508 Seiten
Kampf um die Wahrheit, 48 Seiten
Kirche 2000. Gemeinsame Erklärung, Ablaß, 95 u. 96 Thesen, 62 Seiten
Kleines Ökumene-Handbuch, 144 Seiten
Kleines Endzeit-Handbuch, 144 Seiten
Kleines Kirchen-Handbuch, 176 Seiten
Kleines Sekten-Handbuch, 200 Seiten
Ökumene der Religionen u. Absolutheit Christi, 106 Seiten
Pietismus wohin? Ökumene, Zeitgeist, Bibelkritik, 190 Seiten
Projekt Einheit. Rom, Ökumene und die Evangelikalen, 142 Seiten
Prüfet die Geister! 82 Seiten
Was bewirkt Gruppendynamik? 42 Seiten
Was braucht die Evangelische Kirche? 71 Seiten
Was ist Gemeinde aus biblischer Sicht? 42 Seiten
Was ist die Neue Weltordnung? 26 Seiten
Was ist Kirche? Papstkirche, Staatskirche oder..., 178 S.
Was kennzeichnet die Katholische Kirche? 57 Seiten
Was kommen wird. Eschatologie im 3. Jahrtausend, 176 Seiten
Was sind Sekten? 45 Seiten
Was will Eugen Drewermann? 51 Seiten
Wendezeit 2000? Eine Analyse des New Age, 49 Seiten
Wie können wir Zeitströmungen begegnen? 38 Seiten
Zukunft. Zeit-Zeichen. Aufruf zur Wachsamkeit, 103 Seiten

Alle genannten Bücher sind direkt erhältlich beim Autor:
Dr. Lothar Gassmann, Am Waldsaum 39, D-75175 Pforzheim
Fax 07231-42 44 067, E-Mail: LOGASS1@t-online.de
Homepage: www.L-Gassmann.de

Arbeitsgemeinschaft für Religiöse Fragen

Was ist die A.R.F.?

Millionen Menschen sind verstrickt in Sekten, Kulte und falsche Lehren. Wer sagt ihnen die gute Nachricht von Jesus Christus als ihrem Erlöser und HERRN? Diese Frage bewegte den Schriftsteller Ernst-Martin Borst (Rendsburg) - und als Antwort gründete er im Jahre 1975 die Arbeitsgemeinschaft für Religiöse Fragen (A.R.F.).Die A.R.F. möchte den Opfern von Sekten, Kulten und Weltanschauungen helfen, zur Freiheit des Glaubens an Jesus Christus zu gelangen. Grundlage ihrer Missionsarbeit ist das Evangelium von Jesus Christus, wie es in der Heiligen Schrift gegeben ist. Die A.R.F. sieht sich verbunden mit allen Gemeinden und Werken, welche die gleiche geistliche Grundlage bejahen, und möchte ihnen Hilfen zur Mission unter Sekten- und Kultanhängern in die Hand geben.

1. Vorsitzender der A.R.F. ist Helmut Warnecke, Duisburg, 2. Vorsitzender ist Erich Glaubitz, Essen. Seit 1998 arbeitet der Theologe und Sachbuchautor Dr. Lothar Gassmann, Pforzheim, vollzeitlich als Sekten- und Weltanschauungsbeauftragter bei der A.R.F. mit.

Was tut die A.R.F.?

1.Sie untersucht systematisch alte und neue religiöse und weltanschauliche Strömungen.
2. Sie erarbeitet sachliche Informationen (Faltblätter, Broschüren, Dokumentationen, Bücher, Lexika) auf bibeltreuer Grundlage dazu.
3. Sie gibt die *Reihe AUFKLÄRUNG* im Logos-Verlag, Lage, heraus, in der bisher rund 60 Bände über Religionen, Kirchen, Sekten und Zeitströmungen erschienen sind.
4. Sie veröffentlicht einen vierteljährlich erscheinenden Informationsdienst: die Zeitschrift *ZEIT-JOURNAL*.
5. Sie hilft Sekten- und Kultopfern seelsorgerlich und praktisch.
6. Sie gibt wichtige Informationen an die Presse (z.B. *Idea, Topic)* weiter.
7. Sie arbeitet an einem umfangreichen *HANDBUCH ORIENTIERUNG* über sämtliche Religionen, Kirchen, Sekten, weltanschaulichen und esoterischen Strömungen. Auszüge davon erscheinen bereits im Internet unter *www.bible-only.org* sowie in fast jeder Nummer der Zeitschrift *ZEIT-JOURNAL* unter der Rubrik *„Das aktuelle Stichwort“*.
8. Sie führt Vorträge, Seminare, Infostände, Straßeneinsätze und spezielle evangelistische Aktionen durch.
9. Sie arbeitet auch über den deutschsprachigen Raum hinaus durch Übersetzungen ihrer Schriften in andere Sprachen und eine wachsende internationale Korrespondenz.

Homepage: www.arf-ev.de